蔡 荣 著

农民专业合作社
内部交易合约安排研究

CONTRACTUAL ARRANGEMENT
IN FARMER'S PROFESSIONAL COOPERATIVES:
AN EMPIRICAL RESEARCH

社会科学文献出版社
SOCIAL SCIENCES ACADEMIC PRESS (CHINA)

本书为江苏高校现代服务业协同创新中心、江苏高校人文社会科学校外研究基地"江苏现代服务业研究院"和江苏高校优势学科建设工程资助项目（PAPD）的研究成果，并受国家自然科学基金青年项目（71203088）资助，特此致谢！

目　录

1 导论 ··· 001

　1.1 问题的提出 ·· 001

　1.2 研究的目的与意义 ·· 005

　1.3 相关概念 ··· 006

　1.4 研究方法和技术路线 ··· 010

　1.5 本书结构 ··· 012

　1.6 主要创新之处 ··· 013

2 理论回顾与文献综述 ··· 015

　2.1 理论回顾 ··· 015

　2.2 文献综述 ··· 023

3 调研设计 ··· 048

　3.1 研究背景 ··· 048

　3.2 数据获取 ··· 053

　3.3 本章小结 ··· 058

4 农户参加合作社的行为决策 …………………………… 060

4.1 引言 ……………………………………………………… 060

4.2 理论分析与研究假设 …………………………………… 061

4.3 描述性统计 ……………………………………………… 064

4.4 模型设定与变量说明 …………………………………… 067

4.5 模型检验结果分析 ……………………………………… 069

4.6 本章小结 ………………………………………………… 074

5 合作社内部交易合约安排：生产决策权配置 ………… 075

5.1 引言 ……………………………………………………… 075

5.2 理论分析与研究假设 …………………………………… 077

5.3 描述性统计分析 ………………………………………… 082

5.4 模型设定与变量说明 …………………………………… 087

5.5 模型检验结果分析 ……………………………………… 090

5.6 本章小结 ………………………………………………… 094

6 合作社内部交易合约安排：价格风险规避 …………… 095

6.1 引言 ……………………………………………………… 095

6.2 理论分析与研究假设 …………………………………… 096

6.3 描述性统计分析 ………………………………………… 100

6.4 模型设定与变量说明 …………………………………… 103

6.5 模型检验结果分析 ……………………………………… 105

6.6 本章小结 ………………………………………………… 110

7 合作社内部交易合约安排：成本与收益效应 …… 112

7.1 引言 …… 112
7.2 模型设定与变量说明 …… 113
7.3 描述性统计分析 …… 116
7.4 模型估计结果分析 …… 121
7.5 本章小结 …… 127

8 合约安排对农户生产行为的影响 …… 128

8.1 引言 …… 128
8.2 合约安排对农户施肥行为的影响 …… 129
8.3 合约安排对农户施药行为的影响 …… 139
8.4 本章小结 …… 147

9 研究结论与政策启示 …… 148

9.1 研究结论 …… 148
9.2 政策启示 …… 150
9.3 进一步研究方向 …… 152

参考文献 …… 154

附录 …… 182

1 导论

1.1 问题的提出

农村家庭承包经营制度的确立,为微观经济主体提供了有效的激励机制,成为改革之初中国农业经济增长的主要动力(林毅夫,1994)。1978~1984年,大约99%的农业经营单位实现了从生产队制向家庭联产承包责任制的转变,极大地激发了广大农民的生产积极性,有关研究表明:这一时期家庭联产承包责任制的推行对整个农业经济增长的贡献率达到了39.98%(乔榛等,2006)。进入20世纪90年代中期,农业产业开始面临日益激烈的市场竞争,小规模家庭经营的效率缺陷问题逐渐凸显(张晓山和苑鹏,2009)。第一,市场机制失灵。由于农业的特殊性,以农户为基本经营决策单位虽然有助于节约交易成本和提高经济效益,但在农业生产资料购买环节和农产品销售环节存在遭遇双边垄断夹击的风险,农户市场地位难以与工商业资本相抗衡,讨价还价的能力低下。第二,信息分布不对称。由于经营规模小且分散,不仅农户很难获取完整、准确、及时和有效的市场信息,同时要素市场和产品市场普遍存在的信息垄断,导致了资源配置的扭曲,增加了农户生产、购买和销售的盲目性。第三,农产品供给由短缺转为过剩。从这一时期开始,农产品供给已从短缺转为总量基本平衡、丰年有余,许多农产品出现了结构性或阶段性的过剩,农产品供求关系从供给导向转向市场需求导向,从卖方市场转为买方市场,各类农产品越来越难实现其经济价值，农民增收的形势十分严峻（纪良纲和刘东英，2006）。第四，消费市场需求结构变化。随着社会经济的发展和公众生活水平的提高，消费者越来越重视农产品的安全性，但是仅仅依靠单个农户的微薄力量很难满足消费者的这一需求偏好，其原因涉及诸多层面，例如技术限制、资本约束和市场失灵等。

在上述背景下，农民专业合作社（简称"合作社"）最先在沿海等经济发达地区应运而生，并且自20世纪90年代后期开始，随着市场经济体制的日渐完善和农业产业化经营的逐步推进，呈现出快速发展的态势。进入新世纪，从中央到地方，各级政府把加快发展农民专业合作社纳入重要议事日程。2003年3月，《新农业法》首次指出："国家将鼓励农民在家庭承包经营的基础上自愿组成农民专业合作社等各类合作经济组织。"2004年，中央1号文件提出要"鼓励发展各类农产品专业合作组织，并安排专门资金，支持农民专业合作组织开展信息、技术、培训、质量标准与认证、市场营销等服务"。2006年1月，农业部出台《农民专业合作经济组织示范章程（试行）》。2007年7月，《中华人民共和国农民专业合作社法》正式实施，农民专业合作社自此拥有了合法身份，能够作为独立的市场主体与其他类型的经济实体在市场上进行交易和开展经济活动。2008年1月，财政部颁布《农民专业合作社财务会计制度》。根据农业部的权威统计，截至2009年12月底，全国范围内的农民专业合作社共有24.64万家，参加农户共计2100万户，占全国农户总数的8.32%（孙鲁威，2010）。农民专业合作社的形成和发展，引起了国内众多学者的关注，他们从不同视角对这一现象进行了解释。其中，较具代表性的观点有：（1）农民专业合作社是农户节约交易成本的产物（黄祖辉，2000；苑鹏，2001；张晓山，2004；徐旭初，2005；林坚和马彦丽，2006；黄祖辉和梁巧，2007）。（2）农民专业合作社是向农户提供各类服务的载体（张晓山等，2001；国鲁来，2003；

孙亚范，2003；傅晨，2004；孔祥智等，2005；夏英等，2010）。（3）成立农民专业合作社是促进农村经济发展的途径（廖建平，1999；冯开文，2003；唐宗焜，2007）。农民专业合作社的形成和发展不仅是农民和农业适应市场化的需要，更是农业组织化和农业现代化的必然要求（黄祖辉，2008）。

从各个地区的发展实践来看，中国的农民专业合作社具有"强者牵头"和"弱者参加"的典型特征（黄胜忠，2008）。"强者"是指龙头企业、供销社、运销大户和生产大户等，而"弱者"则指普通小农户。由于各类参加主体的资源禀赋、参加目的和扮演的角色均存在差异，农民专业合作社的社员资格具有高度的异质性，进而形成了独具特色的"核心－外围"式的圈层结构（马彦丽和孟彩英，2008）。在社员异质性的条件下，特别是核心社员和普通社员的资源禀赋和风险承受能力不同，合作社的创办和发展所需资金主要依靠核心社员提供，造成了合作社的名义所有权和实际控制权相分离的现象。换言之，在名义上，合作社是由全体成员共同所有，但实际上，合作社所有权是由部分核心社员控制。以往研究认为，在处于经济转型时期的中国，农民专业合作社的运行和治理特别强调能力和关系，核心社员因掌握关键性生产要素（资本、市场和社会关系等资源或能力）而拥有绝对控制权，普通社员则受到自身利益和能力限制，往往愿意主动放弃组织决策权和剩余控制权，旨在换取市场进入和价格改进等方面的利益（黄祖辉和徐旭初，2006）。鉴于农民专业合作社的产权安排和治理结构的特殊性，普通社员与合作社之间除了身份的隶属关系以外，更多的是属于一种合约交易关系（在实践中，农户与合作社订立交易合约的现象便是最有说服力的证据）。那么，由此引出的一个重要问题是：小农户参加合作社后，合约交易关系是如何安排的呢？

另外，作为拥有 13 亿人口的农业大国，中国受农业资源的约束十分明显，人均耕地规模不足 0.1 公顷，仅为世界平均水平的 1/3；但是，在有限的人均耕地资源约束条件下，中国成功地解决了国内的粮食供给问题，而这一伟大业绩的实现很大程度上得益于农业技术的不断进步和农业化学品投入要素的加速施用（宁满秀和吴小颖，2011）。然而，农业化学品投入要素的集中施用不仅可能危害到农产品的质量和后续年份的产量，而且会威胁到农业生态环境和公众身体健康。这些问题不仅体现了农业自然资源固有的脆弱性，更凸显了理解农业政策对农户生产行为影响的重要环境意义。理论上，农业生态环境与集约化的农业生产方式紧密联系在一起，而农户的施肥和施药行为又可能会受到合约安排的影响（Hueth et al.，1999）。那么，合作社内部交易合约安排对农户生产行为具有怎样的影响？

令人遗憾的是，到目前为止这些问题尚没有引起国内学者的足够重视。纵观国内已有的研究成果，学者们所考察的问题主要集中在以下几个方面：(1) 农户参加农民专业合作社的意愿或行为（郭红东和蒋文华，2004；张广胜等，2007；朱红根等，2008；赵佳荣，2008；卢向虎等，2008；张晓雯，2011）。(2) 农业组织化对农户从事农业生产效益的影响（胡定寰等，2006；祝宏辉，2007；郭建宇，2008；孙艳华等，2008；徐健和汪旭辉，2009；黄祖辉和梁巧，2009）。(3) 市场主体间的最优合约安排（黄祖辉和王祖锁，2002；周立群和曹利群，2002；邓宏图和米献炜，2002；吴秀敏和林坚，2004；郭红东，2006；吴德胜，2008；郑江淮和胡小文，2009）。(4) 市场主体间的合约关系稳定性（尹云松等，2003；刘凤芹，2003；赵西亮和吴栋，2005；王爱群等，2007；王亚静和祁春节，2007；赵晓飞和李崇光，2007、2008；徐忠爱，2008、2011）。为此，本研究将以某一具体产业为例，利用农户实地调查数据经验考察合作社内部交易的合约安排，并进一步就合约安排对农户生产行为的影响进行定量分析。本研究之所以选择从农户的视角就上述问题展开具体分析，关键的理由在于：受社员异质性的影响，在实践中，农民专业合作社在与不同类型的普通社员进行交易时所执行的合约安排往往具有很大的差异性；换言之，农民专业合作社内部交易存在多种多样的合约安排。若从合作社的视角来考察上述问题，不仅具有较大的局限性，而且还存在操作上的困难。然而，不可否认的是，从农户的视角来考察农民专业合作社内部交易合约安排可能会遗漏某些重要变量，但属次优抉择。

1.2 研究的目的与意义

1.2.1 研究目的

本研究的主要目的可以归纳如下：以现有的研究成果和实地调查数据为基础，运用定性分析和定量研究相结合的方法，从农户的视角深入考察合作社内部交易合约安排，以及合约安排对农户生产行为的影响。为了达到这一研究目的，本研究将主要回答以下几个问题：

问题1：农户参加合作社的行为决策主要受到哪些因素的影响？

问题2：对于参加合作社的农户，生产决策权的配置将发生怎样的变化？主要受到哪些因素的影响？

问题3：对于参加合作社的农户，价格风险能否得到一定程度的规避？合约定价制度主要受到哪些因素的影响？

问题4：参加合作社对农户的交易成本和生产收益具有怎样的影响？其背后的原因是什么？

问题5：合作社内部交易合约安排是否会影响到农户的生产行为？若有影响，其作用机理是什么？

1.2.2 研究意义

作为推进农业发展和农户增收的重要举措，农业产业化经营历来是各国学术界关心的重要话题。从根本上讲，农业产业化经营模式存在两种类型，即强调农户与农户横向合作的农民专业合作社和强调农户与企业纵向合作的订单农业（向国成和韩绍凤，2007）。然而，学者们在考察农业产业化经营问题时，似乎都忽略了农民专业合作社内部交易合约安排问题。本研究力图弥补上述缺陷，从农户的视角对这一问题进行较为深入的分析和讨论，以实地调查数据为基础，考察农民专业合作社内部交易合约安排及其对农户生产行为的影响。因此，无论是从理论角度还是从现实角度来看，本研究的开展都具有重要的意义。

理论意义：（1）通过对农户参加合作社行为决策进行研究，将有助于识别农户参加合作社的主要驱动因素；（2）通过对农户参加合作社后的生产决策权配置、价格风险规避以及成本和收益效应等问题进行研究，将有助于理解合约安排背后的隐含逻辑；（3）通过对合约安排与农户生产行为关系进行考察，将有助于理解合作社内部交易合约安排对农户生产行为的影响及作用机理。

现实意义：（1）通过识别农户参加合作社行为决策的主要影响因素，将有助于采取针对性措施来进一步激发农户参加合作社的积极性，进而加快提升农户组织化程度；（2）通过把握和理解合约安排背后的隐含逻辑，可以为相关人员（如合作社的社长）设计交易合约提供理论借鉴和决策参考；（3）通过弄清合约安排对农户生产行为影响的作用机理，在某种程度上可以为政府制定和实施农业环境政策提供科学而翔实的实证依据。

1.3 相关概念

1.3.1 合作社

合作社（cooperative）最初出现在工业革命时期，学界对其内涵存在多种多样的界定（Staatz，1984；McBride，1986；Barton，1989）。Nilsson（1994）曾对合作社的各种概念进行了归纳和总结，发现各种形态的合作社具有如下共同特性，即"合作社是一种经济行为"、"合作社旨在满足社员的共同需要"和"合作社由社员所有和控制"。目前，被各国普遍认可的合作社概念是由国际合作社联盟（ICA）最先提出，它认为合作社是人们自愿联合、共同所有和民主管理的自治组织，以满足经济、社会和文化需求和愿望为目标。在实践中，合作社的运行包含七项基本原则，即：①自愿与开放的社员资格；②社员民主控制；③社员的经济参加；④自治和独立；⑤提供教育、培训和信息；⑥合作社之间的合作；⑦关心社区。国际合作社联盟提出的合作社概念除强调经济功能外，特别强调合作社的社会功能和价值理念。但是，并非所有地区都完全接受上述原则，例如，美国威斯康辛大学合作社研究中心（UWCC）认为，合作社是建立在非营利或成本基础上，由入股的社员自主拥有、控制和运营的事业，并由使用者所有。

关于农业合作社，美国农业部的农业合作社服务处（ACS）认为其基本的组织原则可以归结为三项，即"使用者所有"、"使用者控制"和"使用者受益"（Barton，1989；Ortmann & King，2007）。美国农业部农村商业和合作社发展中心（RBCDS）进一步指出，农业合作社是一种"用户所有、用户控制和用户受益的公司型企业"（David，2004）。"用户所有"是指合作社的所有者拥有合作社，各个成员有责任根据自身的惠顾量向合作社投资，从而保证合作社的正常运转和发展；"用户控制"是指合作社的所有者控制合作社的运行，这种控制可以通过董事会和社员代表大会等方式进行；"用户受益"是指通过组建合作社，社员可以获得延伸的产业链上的价值增值，可以获得除合作社之外其他组织不可能提供的服务，可以获得及时的、有质量保障的农业生产资料等，并且其分配情况是基于社员对合作社的惠顾量。在实践中，适当放宽这三项原则，就会存在介于传统合作社和投资者所有企业（IOFs）两种治理结构之间的多种治理结构（Kalogeras et al.，2007）。农业合作社的主要功能是通过提供特定服务来支持社员经营活动，进而实现农户收益的增加。农业合作社具有的两个属性使其与垂直一体化的治理结构较为相似，一是社员与合作社之间的垂直联合只限于局部，二是社员集体拥有合作社。当然，集体所有权也给合作社的决策机制带来了挑战（Bijman & Hendrikse，2003）。

在中国，"农民专业合作社"的提法与国际上所界定和使用的"农业合作社"概念类似。《中华人民共和国农民专业合作社法》指出："农民专业合作社是在农村家庭承包经营基础上，同类农产品的生产经营者或者同类农业生产经营服务的提供者、利用者，自愿联合、民主管理的互助性经济组织。农民专业合作社以其成员为主要服务对象，提供农业生产资料的购买，农产品的销售、加工、运输、贮藏以及与农业生产经营有关的技术、信息等服务。"在本研究中所使用的合作社概念与国际上的"农业合作社"或国内的"农民专业合作社"概念具有一致性。此外，对真伪合作社的辨识，主要依据的是该"合作社"是否从事农业生产、加工和销售等市场经济活动。

1.3.2 合约安排

合约（contract）又被称为契约、合同、协议或订单等。《法国民法典》指出，"合约为一种合意"。所谓"合意"，是指签约双方达成一致意见的状态。《牛津法律大辞典》规定，"合约是指两人或多人在相互间设定合法义务而达成的具有法律强制力的协议"。某项合约关系的形成必须以签约双方的一致同意为前提，且签约双方必须同时受到合约关系的约束。经济学中的"合约"概念与法律规定的"合约"概念存在很大差异。现代经济学中的

"合约"概念，比法律所使用的"合约"概念更为宽泛，不仅包括具有法律效力的合约，也包括一些默认合约，实际上是将所有的市场交易都看作是一种合约关系，并以此作为经济分析的基本要素（科斯等，1999）。

最早对农业合约进行分类的文献可以追溯至 Mighell & Jones（1963）的相关研究，他们将农业合约分为销售合约和生产合约两种类型。美国农业部经济服务处（USDA）借鉴了这一分类方式，并指出：在销售合约中，买卖双方仅就产品的交付时间、定价方法以及质量要求等达成事前一致性同意，卖方按照约定进行生产，买方不参加具体的生产决策；在生产合约中，买方严格控制产品的生产过程，要求参加具体的生产决策，同时保留某些重要投入要素的所有权（Macdonald et al.，2004）。在国内，一些学者将农业合约的类型划分为商品契约和要素契约。其中，商品契约是企业与农户签订合同，按照市场价或最低保护价收购农产品，在某些情况下，企业也有可能按照契约要求向农户提供一定的技术或生产资料；在所有商品契约中，企业和农户都是独立的市场主体，农户仍拥有生产的部分剩余控制权，并且在生产过程中不存在外在的监督者。而要素契约是指，企业先租用农户现有的土地使用权，再雇用农户进行耕作等生产，在监督的基础上确定其工资水平；在所有要素契约中，企业可以直接配置农户的土地和劳动力要素，并在统一指挥和监督下安排农产品的生产和加工（周立群和曹利群，2002；吴秀敏和林坚，2004；郑江淮和胡小文，2009）。

经济理论认为，任何一份交易合约都至少包括三个维度的基本内容，即价值的分配、风险的分担和决策权的配置（Sykuta & Cook，2001）。因此，如果就农业生产来讲，在考察农户与其他市场主体签订合约进行交易时，至少需要关注以下几个问题：一是生产决策权是如何配置的？二是价格风险能否得到规避？三是农户能否从合约交易中实现收益的改善？本研究在考察合作社内部交易合约安排时，将对上述问题进行逐一研究。

1.4 研究方法和技术路线

1.4.1 研究方法

本研究以国内外已有研究成果和实地调研数据为基础，拟对农民专业合作社内部交易合约安排及其环境效果进行深入研究。在具体研究的过程中，综合运用了文献阅读、实地调查、统计分析等研究方法。具体说明如下：

1. 文献阅读法。文献检索和阅读是所有研究工作必不可少的方法，它可以为具体的研究工作提供理论参考、研究思路以及方法借鉴。同样，本研究的开展也离不开对国内外已有相关文献的归纳和总结。例如，关于生产决策权的合约配置问题，调查问卷的设计重点参考了 Hu & Hendrikse（2009）和 Jia et al.（2010）等学者的最新研究成果，同时结合具体的研究需要对有关问题做了进一步的修正和补充。

2. 实地调查法。实地调查是基于事先设计好的调查表格和问卷所进行的实地调研。问卷的内容涉及农户基本特征、种植特征、市场交易、合约安排、生产成本和收益等多个方面。为保证数据统计资料的真实性和可靠性，本研究在正式调查之前，先进行假想式分析，再进行样本点的预调研，然后进行实地调查。调查主要是通过课题组成员与农户面对面访谈的方式进行。

3. 计量分析法。为了判断一个变量是否对另一个变量具有因果效应，需要借助计量分析法来保证其他的相关变量都保持不变（Wooldrige，2002）。在具体分析时，本研究采用二项 Logit 模型分析农户参加合作社的行为决策、农户参加合作社后的合约定价制度等问题；采用有序 Probit 模型分析农户参加合作社后的生产决策权配置问题；采用 OLS 估计方法分析参加合作社对农户的交易成本和生产收益的影响，以及合约安排对农户生产行为的影响等问题。

1.4.2 技术路线

本研究的技术路线如图 1-1 所示。

```
                        ┌──────────┐
                ┌──────→│ 研究方案 │←──────┐
                │       └──────────┘       │
        ┌───────────────────┐     ┌───────────────────┐
        │ 理论回顾与文献综述│     │ 实地考察与调研    │
        └───────────────────┘     └───────────────────┘
                │       ┌──────────┐       │
                └──────→│ 研究问题 │←──────┘
                        └──────────┘
```

○农户参加合作社的行为决策主要受到哪些因素影响？

○农户参加合作社后，生产决策权的配置主要是受到哪些因素的影响？
○农户参加合作社后，价格风险能否降低？主要受哪些因素影响？
○参加合作社与未参加合作社的农户交易成本和生产收益存在怎样的差异？

○合约安排对农户生产行为具有怎样的影响？

农户调研数据：

- 农户参加合作社的行为决策
- 合作社内部交易合约安排：生产决策权配置
- 合作社内部交易合约安排：价格风险规避
- 合作社内部交易合约安排：成本与收益效应
- 合约安排对农户生产行为的影响

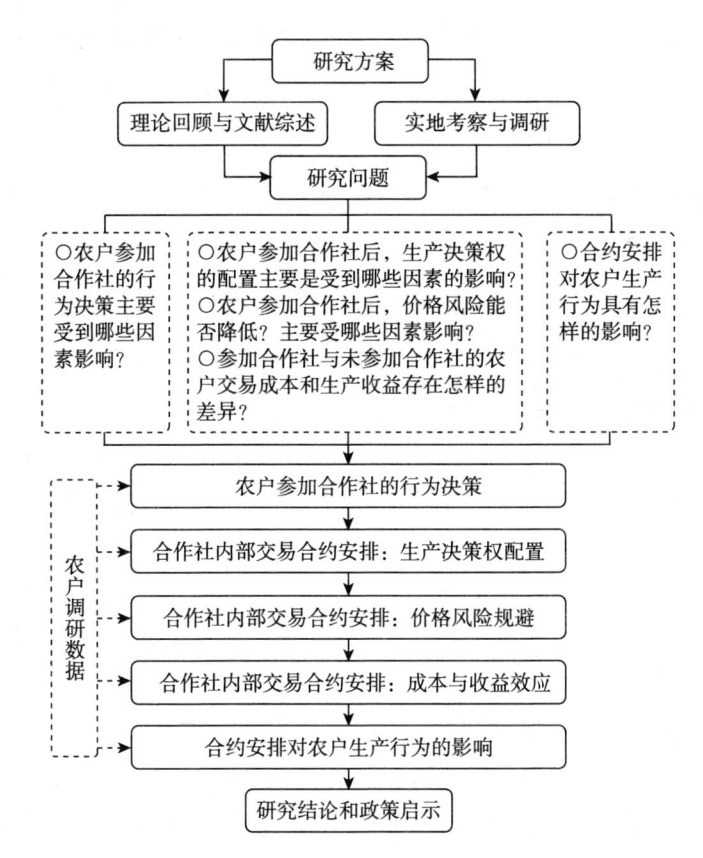

研究结论和政策启示

图 1-1 技术路线图

1.5　本书结构

本研究共分9章，各章的内容安排如下：

第1章"导论"。本章的任务是：在宏观背景下提出拟研究的具体问题，概括本研究的主要目的及意义，界定本研究所涉及的一些基本概念，交代本研究所采用的研究方法，给出本研究的技术路线图并说明论文的整体结构框架，最后说明本研究可能存在的创新之处。

第2章"理论回顾与文献综述"。本章将对国内外已有的相关研究进行归纳和总结。其中，理论回顾的内容包括：交易成本理论、不完全合约理论和委托－代理理论，文献综述的内容包括：农户参加合作社的行为决策、资产决策权的合约安排、价格风险的合约配置、合约交易的收入效应、农户施肥和施药行为决策，最后进行简要评述并指出研究启示。

第3章"调研设计"。本章首先说明以山东省苹果产业为背景来开展本研究的具体原因，并对山东省农民专业合作社的发展现状和苹果产业的发展概况进行了介绍，然后具体交代本研究的数据获取方式，包括样本区域选择、数据搜集、问卷设计以及数据基本信息描述等方面的情况。

第4章"农户参加合作社的行为决策"。本章首先通过调查数据归纳农户参加合作社的具体情况，然后基于理论分析提出可能影响农户参加合作社行为决策的因素，最后运用统计分析方法和计量经济模型对影响农户参加合作社行为决策的因素进行实证检验。

第5章"合作社内部交易合约安排：生产决策权配置"。本章首先明确农户从事苹果生产的各项决策权，然后考察农户参加合作社后，各项决策权在其与合作社之间的配置情况，再在理论分析的基础上提出影响生产决策权配置的因素，最后运用统计分析方法和计量经济模型对生产决策权向合作社转移程度的影响因素进行实证检验。

第6章"合作社内部交易合约安排：价格风险规避"。本章首先通过调查数据考察农户参加合作社后的合约定价制度及价格风险配置的具体情况，然后基于理论分析提出影响合约定价制度选择的因素，最后运用统计分析方法和计量经济模型对影响合约定价制度选择的因素进行实证检验。

第7章"合作社内部交易合约安排：成本与收益效应"。本章首先在以往相关研究的基础上归纳得出影响农户交易成本和生产收益的因素，然后运用统计分析方法和计量经济模型对影响农户交易成本和生产收益的因素进行定量分析，并对合约安排影响农户的交易成本和种植收益的内在机理进行深入剖析。

第8章"合约安排对农户生产行为的影响"。本章首先通过统计分析比较了参加合作社和未参加合作社的两类农户的肥料和农药施用水平的差异，然后在以往相关研究的基础上分别归纳得出影响农户施肥和施药行为的因素，最后分析合约安排对农户施肥和施药行为的影响及其作用机理。

第9章"研究结论与政策启示"。本章将对前面各章的研究结论进行概括性总结，并以此为基础提炼出相应的政策启示，最后指出未来进一步研究的方向。

1.6 主要创新之处

第一，研究内容的创新。在转型经济背景下，中国的小农户参加合作社后除了构成身份的隶属关系以外，更多的是在双方间形成一种合约交易关系。本研究基于农户的视角对合作社内部交易合约安排做了深入探讨，包括生产决策权配置、价格风险规避、成本与收益效应等方面；此外，本研究还对合约安排对农户生产行为的影响进行了考察。就笔者掌握的文献来看，国内外学者对这些问题的关注程度还相当不足，因而本研究在内容上具有一定的创新性。

第二，研究视角的创新。鉴于在实践中，同一合作社向不同类型社员提供的合约安排存在较大的差异性，这就使得从合作社的视角来研究合作社内部交易合约安排问题有失妥当。正是基于这一原因，本研究是从农户的视角来考察合作社内部交易合约安排问题，进而揭示出合作社内部交易合约安排背后的隐含逻辑。总体来讲，这为研究农民专业合作社内部交易合约安排提供了新的分析视角，在现有的文献中具有一定的创新性。

第三，研究方法应用的创新。尽管二项 Logit 模型、有序 Probit 模型和 OLS 估计方法已在农业经济研究的其他领域中得到了广泛应用，但在有关合作社内部交易合约安排及对农户生产行为的影响的研究中尚不多见。从笔者掌握的文献来看，采用二项 Logit 模型分析农户参加合作社的合约定价制度、采用有序 Probit 模型分析农户参加合作社的生产决策权配置、采用 OLS 估计方法分析农户参加合作社的成本与收益效应以及合约安排对农户生产行为的影响等问题，在国内均属首次，因而具有一定的创新性。

2 理论回顾与文献综述

2.1 理论回顾

2.1.1 交易成本理论

交易成本理论认为,合约风险源自有限理性和机会主义两个基本行为假设(Williamson,1975)。有限理性是指经济主体不会为了追求信息的完全而不顾成本去搜集,也不会不顾计算成本去处理所有信息。在有限理性约束下追求节约成本时,除了应当注重决策程序外,更为重要的是如何确定效率最高或成本最低的治理结构(Williamson,1985)。机会主义行为倾向是指在复杂环境下,交易主体为了追求自身利益可能采取隐蔽、误导、伪装、掩饰以及迷惑等扭曲方式来披露信息的行为。由于交易双方利益冲突或不一致,具有信息优势的一方就会利用信息弱势一方的缺陷加以欺骗,从而为自己谋取更多的利益。机会主义行为倾向在信息不对称、小数目谈判、针对专用性资产的交易、监督费用高昂的团队生产等条件下最易实施(Williamson,1975)。

交易成本理论将交易作为分析单位,从资产专用性、不确定性和交易频率三个维度来界定交易属性,为寻找相应的治理结构奠定了基础(Williamson,1979)。资产专用性是指在不牺牲生产价值的条件下,某项资产可被重新用于其他用途或被其他市场主体加以利用的程度,它具有多种形式,如场地专用性、物质资产专用性、人力资本专用性、完全为特定合约服务的资产、品牌商标资产的专用性和瞬时专用性（Williamson，1991）。资产专用性被引入经济分析的目的在于，通过强调交易主体事后就专用性资产可挤占准租金进行破坏性再谈判的低效率，来分析采用企业组织式的一体化治理结构来协调交易各方利益的有效性和合理性（Klein et al.，1978；Williamson，1985）。不确定性是与交易特性有关的各种内外部条件的不确定性质，可划分为环境不确定性和行为不确定性（Williamson，1985）。环境不确定性包括自然因素扰动、消费者偏好变化和政府政策调整等方面（Lyons，1996），行为不确定性则是由于交易对象的机会主义行为。Milgrom & Roberts（1992）引入了第三类不确定性，即交易结果不确定性。不同的治理结构对干扰有效地做出反应的能力不同，交易的不确定性要求在分析交易及相关的治理结构时，必须重视调适性和适应性。交易频率是同类交易重复发生的次数。交易频率的高低会影响到为规制相应的交易而建立起来的治理结构的成本是否容易收回，如果为某类交易建立专门的治理结构，那么较高的交易频率更容易分摊设立成本，但如果交易频率很低，那么为这种特殊交易专门建立治理结构的成本就会太高，这些交易可能更适合一般性的治理结构（Williamson，1985）。

Williamson（1975）最初在考察规制交易关系的治理结构时，采用了市场和企业的两分法，这两者间的选择依赖于市场定价的成本和企业内组织管理成本间的均衡。其后，Williamson（1985、1991）将交易的治理结构进一步划分为市场治理、三边治理、双边治理和统一治理，其背后隐含的逻辑是：当规制交易的治理结构从市场治理向统一治理转变时，市场交易的激励机制将变得越来越弱，而组织内部交易的控制机制则变得越来越强。为了简化分析，Williamson（1985、1996）假定不确定性程度已知，仅考虑交易频率和投资特点，从而能够得到与交易特性相匹配的治理结构。具体情况见表2-1。

表 2-1 交易特征与治理结构

		资产专用性		
		非专用	混合	专用
交易频率	偶然	市场治理 （古典合约）	三方治理（新古典合约）	
	经常		双方治理	统一治理
			（关系合约）	

可以看出：(1) 当交易对象为非专用性资产时，无论交易频率高低，市场治理或古典合约将是最理想的交易治理结构。市场治理具有交易瞬间完成、注重合约条款、交易的执行依赖司法机构的特征。由于交易不涉及专用性资产，交易双方依赖程度低，双方仅依靠事先签订的合约中的详细规定就可以组织交易。(2) 如果交易涉及专用性资产，但交易频率不高，则可采取第三方治理，即由交易双方和第三方共同组成交易的协调装置。由于资产专用性的存在，交易双方借助某种保障机制可以降低交易不确定性从而维系交易关系的持续性。但考虑到交易频率较低，建立专门的治理结构的成本难以得到补偿，因此，交易双方更倾向于选择新古典合约，若发生纠纷，则由第三方进行仲裁。(3) 如果交易涉及专用性资产且交易频率较高，则较适合采取双方治理，即由交易双方共同规制交易关系。此时，交易双方既彼此独立，又相互合作，通过构建利益联盟，可以确保交易关系的稳定性和持续性。(4) 如果交易涉及高度专用性资产且交易频率很高，则较适合采取垂直一体化治理。垂直一体化治理就是统一所有权，使交易控制成为企业组织内部的管理问题。垂直一体化治理的优势在于适应性强，降低了市场交易成本和市场风险。由于交易频率很高，建立专门的治理结构来规制交易关系的费用也容易得到补偿。

2.1.2 不完全合约理论

不完全合约理论以 Grossman & Hart（1986）、Hart & Moore（1990）和 Hart（1995）为代表。不完全合约理论的逻辑起点是合约的不完备性。Grossman & Hart（1986）认为，合约的不完备主要包括三个方面的内容：（1）由于个人的有限理性，合约不可能预见一切；（2）由于外在环境的复杂性、不确定性，合约条款不可能无所不包；（3）由于信息的不对称与不完全，合约的当事人或合约的仲裁者不可能证实一切，从而造成合约的激励约束机制失灵。不完全合约的普遍存在可以用不确定性、人类的有限理性以及由此导致的交易成本来解释。由于合约是不完全的，企业合约包含的权利有两种，即特定权利（specific rights）和剩余权利（residual rights）。特定权利是合约中可以写明并可被证实的权利，剩余权利是合约中没有写明或者写入成本很高的权利，所有权实际就是对这些权利的控制。Hart（1995）认为，不完全合约模型由三个阶段组成。第一，治理结构阶段决定所有权的分配，这决定了讨价还价的分布；第二，投资阶段考虑投资选择，这决定了讨价还价的地位；第三，合约执行阶段决定是否履约。每种治理结构都通过分配事后决策权形成讨价还价权力的某种分配方式，这意味着每种治理结构下都存在特定的协调和激励问题。从不完全合约的视角看，短期合约、长期合约、垂直一体化以及其他组织形式是不同的处理未预见情况的治理结构。剩余权利的错误配置会产生不利影响，尤其当一个企业购入其供给者时，由于公司管理者的剩余控制权被剥夺，管理者的激励会受到扭曲；或者由于所有权对事后剩余分配的影响，事前投资也会受到扭曲。因此，在不同的情况下，一体化的效果具有明显差异性。

不完全合约理论的基本思想可归纳如下：假定双方都要决定是否进行专用投资，所选的投资水平取决于治理结构，因为治理结构指定了合约没有涉及的情况下讨价还价权力的分配。不完全合约必然会引发事后机会主义行为，这会影响到事前关于专用投资的决策。治理结构的变化或所有权的变化会改变讨价还价权力的分布，从而影响事前投资激励。图 2-1 显示了治理结构选择影响各方投资水平。横轴和纵轴分别表示企业 A 和 B 的专用性投资水平，点 FB 表示在完全合约状态下的最优投资水平，另外三点分别对应不完全合约下的投资状况。市场治理 M 平均分配事后剩余，治理结构 FI 和 BI 意味着双方中的某一方对两项资产拥有剩余决策权，并且因此占有事后剩余。市场治理时，双方的投资水平都低于最优水平，因为各方都必须承担投资的全部成本，但是仅能得到投资收益的一半；点 FI 表示前向一体化，企业 B 在此治理结构中几乎不投资，因为它会承受全部成本，而收益却全部归企业 A，企业 A 会大举投资，因为此治理结构所产生的所有预料外的收益全部归它。点 BI 与 FI 相反。点 FI 总是位于点 M 之下，但点 FI 既可以位于 FB 的左边也可以位于 FB 的右边；同理，点 BI 总是位于点 M 的左边，但是可以位于点 FB 的上方或下方。

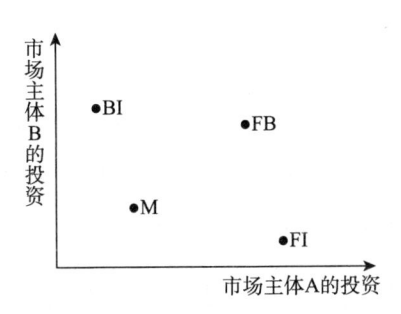

图 2-1 治理结构与投资激励

假设双方都要对关系专用的活动进行投资，此时，双方都要面临套牢问题。资产的所有者为了获得成功会做出额外的努力，另外一方则因为在承担成本的同时无法获得足够的收益而拒绝做出额外努力。因此，剩余权利的分配导致事后投资不同于完全合约下的投资行为。治理结构 FI、M、BI 的投资结果均与完全合约下 FB 的投资结果存在差异。因此，效率是次优的。假设选择最不低效的治理结构，因为在不完全合约下没有一种治理结构在效率上达到最优。各方当事人投资的相对重要性决定了治理结构的选择。当双方的投资或多或少同等重要时，市场这种治理结构就是满意的选择；当没有垂直一体化时事后的剩余在双方之间按比例分配，这使得双方都会进行合理水平的投资；在市场交易时各方分割剩余时所获得份额相等。由此可见，在某些情况下，非一体化严格优于一体化。当企业 A 的投资比企业 B 的投资重要得多，并且 A 过度投资造成的问题比 B 投资不足造成的问题小时，A 作为所有者的一体化就是合理的选择；反之亦然。这意味着有效率的所有权分配取决于各方专用投资的相对重要性。

2.1.3　委托-代理理论

委托-代理理论是在假定信息不对称的条件下，特别是企业所有者和生产社员之间存在信息差异时，委托人如何设计最优契约激励代理人，强调了事前合约的设计和激励（Jensen & Meckling，1976；Holmstrom，1979；Grossman & Hart，1983）。在委托-代理关系中，委托人希望代理人按照委托人的利益选择行动，但委托人不能直接观测到代理人选择了什么行动，能观测到的只是其他变量，这些变量由代理人的行动和其他外生的随机因素共同决定，因而充其量只是代理人的不完全信息。委托人面临的问题是如何根据这些观察到的信息来奖惩代理人，以激励其选择对委托人最有利的行动。

有关委托-代理理论的文献多从科层结构的角度建立有关模型来说明以下三个因素对合约所起的作用：（1）合约各方对合约所持的偏好；（2）合约各方所面临的不确定性的具体性质；（3）订约环境中的信息结构。研究的注意力通常集中于以下问题，如风险分担、最优合约形式选择以及在有信息成本情况下利用均衡合约与没有信息成本情况下利用其他交易方法的福利比较等。委托人与代理人之间的均衡合约必须满足以下三个条件：（1）代理人以效用最大化为原则选择具体的行动，即所谓的代理人激励相容约束条件；（2）在具有自然干预的条件下，代理人履行合约后的收益不能低于其保留收益，即代理人参加的约束条件；（3）在代理人执行这个合约后，委托人的收益要求实现最大化，也就是说，采用其他合约都不能使委托人的收益超过或等于执行该合约所取得的效用，即委托人收益最大化条件。

Jensen & Meckling（1976）注意到，在信息不对称条件下，存在两类对称信息条件下的代理成本，一类是风险成本，即由于无法达到帕累托最优风险分担而支出的成本，另一类是激励成本，即较低的努力水平导致的期望产出的净损失与努力成本节约之间的差额。在不对称信息下，随着代理人风险规避程度的增加或业务收入不确定性的加大，委托人所付出的代理成本也将增大，因此，对于委托人来说，既希望代理人增加努力程度，又要求其控制风险。因此，对于形式化的委托-代理理论，代理问题来源于保险（控制）和激励的权衡。最优保险理论强调了在风险中性的委托人和风险规避的代理人之间的利润分享，风险中性的委托人应承担全部风险（Tirole，1988）。在一般的双边模型中，委托人不能实现一阶条件，主要原因是代理人的行为和信息是不可观测和证实的，代理人的所有行动集合很难完美地写入合约中。在这种条件下，风险分享和激励条件就需要一种权衡和取舍。合约通过指定补偿结构，使委托人支付作为一种可证实的变量，合约只能达到次优结果。

委托-代理理论在发展的早期阶段，主要分析的企业激励结构通常是假设采用固定工资形式，而不是对现实中存在的复杂的激励结构问题进行研究。在多目标任务条件下，激励不仅仅影响了努力和配置风险,也影响了代理人在多任务之间的努力(Holmstrom & Milgrom,1991、1994)。对于委托人来说,多任务中核心目标的衡量要付出高成本的代价。作为结果,委托人承担代理人将所有的努力配置到更容易衡量的多目标中的风险。如果委托人希望代理人配置所有的努力给所有的目标,最优选择将是采取固定工资,即低强度激励。

Milgrom & Roberts(1992)指出,代理人的风险厌恶程度、代理人对激励的敏感度、代理人绩效被评估的精确度以及代理人增量努力所创造的增量利润等因素的相互作用决定着恰当的合约激励强度。具体来讲:代理人的风险厌恶程度越低,其承担强激励的风险所产生的成本越低,反之亦然,因此,代理人的风险厌恶程度与合约激励强度成反比;合约激励强度与代理人对激励的敏感度成正比,当代理人对激励的敏感程度很高时,应提供强激励合约,反之亦然;合约激励强度与代理人绩效被评估的精确度成正比,精确度低,意味着只能利用弱强度激励;在上述三个因素都保持不变的条件下,合约激励强度与代理人增量努力的利润率成正比,代理人增量努力的利润率高应提供强激励合约,反之应提供弱激励合约。

由于与结果相比,代理人的行动更难被检测和监督,因而在现实中,更多的是用行动的结果来近似地衡量行动的程度,设计针对行动结果的激励合约。但是,当针对行动结果的考核存在问题时,合约激励强度应当如何呢?Barzel(1982)指出了产品质量考核的必要性,关键在于卖主担心自身付出太多,买主担心自身得到太少,而考核在扣除成本后还可能获得一定的收益。Milgrom & Roberts(1992)、Laffont & Tirole(1993)认为,在产品质量考核存在困难或考核成本很高的情况下,实行强激励合约存在困难,此时应降低合约的激励强度,同时加强对代理人行为的控制程度。

2.2 文献综述

2.2.1 农户参加合作社的行为决策

作为农业产业链中极为重要的一种组织和制度安排,合作社主宰着全世界大约1/3农产品的生产和供应(Pattison,2000)。目前,美国的农业合作社总数约为3万个(Deller et al.,2009),控制着全国25%~30%农产品的生产和供应(Giannakas & Fulton,2005);欧洲的农业合作社总数约为23.5万个,控制着欧洲超过50%农产品的生产和供应(Yu,2009)。在发展中国家,农业合作社的发展相对落后。例如,土耳其的农业合作社总数接近1.2万个,拥有社员总数450万,但与发达国家相比,通过这些合作社生产和供应的农产品比例较为有限(COGECA,2000)。从各个国家的发展实践来看,有一些农业合作社的发展最后以失败告终,其中一个重要原因就是农户缺乏与合作社进行交易的积极性,从而造成这些合作社的货源需求无法得到满足(Sexton & Iskow,1988)。

虽然西方发达国家农业合作社的发展历史十分悠久,覆盖的区域范围也较为广泛,但令人惊讶的是,有关农户参加合作社行为决策的文献却非常缺乏。在为数不多的关于农户参加合作社行为决策的研究成果中,Enander et al.(2009)实证考察了社会关系网络对瑞典林农参加合作社的行为决策的影响,其研究结果显示,社会关系网络越广,农户与合作社进行交易的可能性就越大,主要原因在于,与其他市场主体相比,合作社对林产品的收购价格相对较高。Pascucci & Gardebroek(2010)观察发现,意大利农业生产者参加合作社后,并不必然意味着他们会将其生产的农产品全部销售给合作社,而且,那些没有参加合作社的农户也有可能选择与合作社进行交易;进一步研究发现,与未参加合作社的农户相比,参加合作社的农户与合作社交易的产品数量占其总销售量的比重相对较高。此外，Karli et al.（2006）分析了土耳其农户参加合作社行为决策的影响因素，其研究结果表明：受教育程度、信息获取能力、种植规模和新技术采纳对农户参加合作社具有正向影响，而户主年龄则对农户参加合作社具有负向影响。

实际上，国外学者在研究农户参加合作社的行为决策时，所关注的焦点主要是解释如下问题：在合作社和投资者所有企业（IOFs）共存的情况下，农户是选择与合作社进行交易还是选择与IOFs进行交易呢？例如，Albaek & Schultz（1998）比较分析了农户将产品销售给合作社和销售给IOFs的各自收益，最终的结果显示，参加合作社的农户收益要高于那些与IOFs交易的农户收益。Karantininis & Zago（2001）进一步指出，低效率的农户更倾向于将其产品销售给合作社，而高效率的农户则更愿意选择与IOFs进行交易。Fulton & Giannakas（2001）认为，农户是否选择参加合作社，关键取决于农户对合作社的偏好程度，而这种偏好程度与合作社是否会致力于改善成员利益的声誉密切相关。James & Sykuta（2006）根据美国密苏里州2000个玉米和大豆种植户调查数据研究发现，在其他条件保持不变时，与IOFs相比，农户对合作社的信任程度和诚实程度均较高，并且信任程度对农户选择通过合作社销售农产品的行为具有非常强的解释能力。

国内研究方面，关于农户对合作社需求的文献相对较多，所关注的问题主要集中在两个方面：一是农民专业合作社形成和发展的原因，二是农户参加合作社意愿或行为的影响因素。理论上讲，处于市场弱势地位且境况相似的同业者，具有采取集体行动以维护自身利益的动力或倾向，农业生产的生物性、地域的分散性以及规模的不均匀性，共同决定着农户存在合作需求的必然性（马彦丽和林坚，2006）。家庭经营制度与合作制度的结合是最为有效的农业制度安排，不仅保留了家庭制度在劳动控制、剩余分配、激励与约束方面的独特优势，而且发挥了合作组织在农业产销协同、外部性内化、风险弱化和利益均沾等方面的功能（黄祖辉，2000；孔祥智等，2005）。从转型经济时期中国农民专业合作社创办主体的身份来看，绝大多数合作社的形成都是生产大户、运销大户和农业企业等少数主体在获利机会驱使下的诱致性制度变迁的结果（张晓山，2004；林坚和黄胜忠，2007；任大鹏和郭海霞，2008；黄胜忠，2008）。然而，不管是农户自发创办还是其他主体领办，合作社都是市场化进程中保护农户利益、规避市场风险、节约交易成本、实现规模经济的内在需要，是联结农户集体参加市场竞争的有效途径（苑鹏，2001；王新利和李世武，2008）。

黄祖辉等（2002）认为影响农户合作的因素大致可归结为产品特性因素、生产集群因素、合作成员因素及制度环境因素等。产品特性因素决定了农户合作的必要性，生产集群因素创造了农户合作的可能性，而合作成员因素和制度环境因素则共同决定着合作组织的发展水平、组织制度、运营机制以及发展路径等。徐志刚等（2011）研究认为，除政府推动和扶持之外，农户的合作需求、产业发展基础、市场交通条件、经济发展水平等都是影响合作组织发展的重要因素，甚至在某种程度上，农户之间的社会信任以及很大程度上受其影响的农户合作意愿和能力对于合作组织的产生、存续和发展显得更为重要。

在微观层面，众多学者实证考察了农户参加合作组织行为决策的影响因素（郭红东和蒋文华，2004；石敏俊和金少胜，2004；张广胜等，2007；朱红根等，2008；卢向虎等，2008；王克亚等，2009；孙艳华等，2010；李丽等，2011）。其中，郭红东和蒋文华（2004）最早利用浙江省农户调查数据研究发现，农户参加合作社的行为决策受到户主的文化程度、生产的商品化程度、市场发育程度、政府支持力度以及经济发展水平等因素的影响。石敏俊和金少胜（2004）基于浙江省农户调查数据研究表明：农业商品化生产是农户产生对合作组织提供产品销售、信息和技术指导服务需求的关键原因，兼业行为的增加、有生产经验但不愿与别人分享限制了农户的合作需求，合作社的投票权分配、成员构成以及入社和退社限制等组织结构特征对农户产生合作需求具有显著性影响。张广胜等（2007）以沈阳市农户调查数据为基础，研究认为户主文化程度、农村贫富差距与农民合作需求之间呈负向显著效应，而有关部门组织农业科技学习、推广农业科技、代销农副产品等外部环境对农户合作需求则具有积极的正向效应。朱红根等（2008）利用江西省产粮大户调查数据研究发现：户主文化程度、经营规模、农产品价格感知效应、经营困难程度、抗自然风险能力等对农户是否参加合作社的影响比较显著，而户主年龄、家庭人口数、种植历史、有无借贷、地理位置、当地农产品流通渠道发育程度则对农户是否参加合作社不具有显著性影响。卢向虎等（2008）基于7省24市（县）农户调查数据研究发现：农产品价格波动程度、户主文化程度、户主年龄、家庭主要农产品商品化程度、主要农产品销售半径对农户参加合作组织意愿的影响显著，而家庭人口规模、户主性别、农产品类型、主导农产品收入占家庭总收入的比重、家庭耕地面积、农产品生产经营面临的困难程度则对农户参加合作组织意愿的影响不显著。

2.2.2 资产决策权合约安排

关于资产决策权合约配置的各种解释，所依据的理论基础主要是交易成本理论、委托－代理理论和不完全合约理论。Goodhue（1999）认为农业企业要求控制农业经营决策的原因大致包括：降低企业事先制订计划的困难、保护种质资源的专利产权、确保产品质量的一致性和约束农户机会主义行为。Goodhue（2000）进一步研究发现，信息不对称导致农业企业无法准确识别签约农户的真实经营能力，那些能力强的农户存在隐瞒真实信息的机会主义，目的是获取额外的信息租金，为了约束农户的机会主义行为和减少信息租金的损失，双方在签订合约时就会规定由企业负责某些关键性的农业经营决策。Bogetoft & Olesen（2002）研究认为，不同农户经营能力的差异决定了同类农产品生产的边际成本不同，加上现实普遍存在的农户经营能力与其经营规模配置失灵，不仅造成稀缺资源利用的低效率，而且也导致企业要素采购成本的增加；企业通过与农户签订合约关系，可以在保持资源所有者身份不变的基础上对农业生产决策权进行重新配置，进而实现农业资源的优化配置和要素采购成本的有效降低。Martino（2007）认为关系信任程度是影响交易成本进而影响治理结构选择的重要因素，交易双方互相信任不仅能够节约成功达成一项交易的时间成本，而且可以增强事后环境出现不确定性时的适应能力，同时有助于减少信息不对称时的机会主义行为；交易双方的信任程度越高，在选择治理结构时，通过决策权转移的方式来加强对另一方的控制就越显得没有必要。同时，有学者试图从环境异质性的角度解释农业生产决策权的转移现象。例如，Cakir et al.（2009）认为不同地区生产同类农产品所面临的农业生产环境具有很大的差异，农业企业是否选择控制农业生产决策就需要权衡利益得失，当某地区农业生产环境差异较小，农业企业就具有直接控制农业要素投入决策的动机，而当农业生产环境差异较大时，有效的制度安排就应当是由农户负责农业要素的投入决策。

此外，部分学者还从合作社视角对营销合作社与传统合作社效率孰优孰劣的条件进行了理论探讨，两者间的关键区别在于营销合作社要求拥有下游加工环节资产的控制权。例如，Hendrikse & Veerman（2001）认为合作社销售其产品面临两类套牢风险，分别源自农产品易腐特性决定的瞬时专用性和产品加工环节的资产专用性，前者可以借助合作社的集体议价优势解决，后者则应视具体情况而定。当产品加工环节的资产专用性较弱时，营销合作社具有效率优势，当产品加工环节的资产专用性较强时，传统合作社具有效率优势。Hendrikse & Bijman（2002）通过构建包括农户、加工商和零售商三级供应链模型研究发现：资产控制权配置受各市场主体专用性投资的成本和准租金之比的影响，当农户专用性投资成本与准租金之比超过加工商专用性投资成本与准租金之比时，农户控制产品加工环节的关键决策就具有效率优势，即在农户专用性投资重要程度大于加工商专用性投资重要程度的情况下，农户控制产品加工环节的关键决策就比较合理。Hendrikse（2005）进一步指出，资产控制权分为名义控制权和实际决策权，其中名义控制权通常由资产所有者控制；为了弥补合作社所有者自身的知识局限，实际决策权通常被赋予合作社管理层。当产品加工环节的资产专用性较强时，营销合作社并不必然缺乏效率，这是因为合作社可以将产品加工环节的关键决策权赋予管理层，进而避免产品加工环节的资产专用性增强造成的套牢风险。Hendrikse（2007）从关系性合约的视角出发，认为关系性合约下的缔约双方更为重视关系的持续性和声誉的累积，从而有助于增强专用性投资的激励。当缔约双方都看重未来收益、外部环境不确定性较低、行动可被观察和证实以及历史交易的关系良好时，关系性合约的自我执行能力就非常强，此时，缔约主体采取机会主义行为的倾向得到有效约束，进而与资产有关的决策权配置与投资激励强度之间就不具有相关性。

从现有的实证文献来看，目前关于资产决策权如何进行合理配置的研究仍旧处于起步阶段。Raynaud et al.（2005）利用欧盟42家涉农企业调查数据研究发现：以声誉资本作为产品质量担保机制的农业企业较为偏好通过关键性决策权转移的方式来直接控制供应链上其他市场主体的重要决策，而依赖公共机构认证来担保产品质量的企业则较为偏好通过市场机制来间接影响供应链上其他市场主体的重要决策。Fernández-Olmos et al.（2009）根据西班牙187份葡萄酿酒企业的调查数据研究认为：企业的资产专用性程度和市场的不确定性是决定其是否直接控制其他市场主体经营决策的关键因素；当企业的资产专用性越强或市场的不确定性程度越高时，企业将放弃利用市场机制转而采用控制其他市场主体经营决策的方式来对交易进行规制。另外，有学者选择从关系合约的角度并结合具体案例来考察农业生产决策权的最优配置问题。例如，Karantininis et al.（2008）以丹麦某生猪屠宰场与养殖户缔结的关系合约为例，探讨了育肥猪禁食时间决策权的最优配置。研究表明：当猪肉市场价格超过前3个月平均价格时，将育肥猪禁食时间决策权赋予屠宰场能够有效约束养殖户的机会主义诱惑，进而增加缔约双方的合作剩余；而当猪肉市场价格低于前3个月平均价格时，养殖户在禁喂时间内继续喂食的经济激励降低，机会主义诱惑下降，此时禁食时间决策权的配置就无关紧要。Karantininis & Graverson（2008）则对丹麦生猪合作养殖模式中猪仔质量决策权的配置问题进行了考察，假如J和N为合作养殖模式中的两个缔约主体，其中J负责猪仔供应，N负责生猪饲养，在扣除猪仔成本和管理成本后，所有剩余按照纳什谈判解分配，此时，猪仔的质量将会影响缔约双方的合作剩余。文章研究认为，在猪仔市场行情较好的情况下，J向N供应低质量猪仔的违约诱惑将增强，此时应该将猪仔质量决策权赋予N。

在经济正处于转型时期的中国，部分学者也开始关注农业资产决策权的合约配置问题。例如，Liang et al.（2009）在考察浙江省梨果合作社的增值效率时发现，合作社与农户缔结的购销合约中，梨果生产决策权存在向合作社转移的现象。Hu & Hendrikse（2009）最早根据山东省12家农业龙头企业调查数据考察农业资产决策权在企业和农户之间的配置状况，以及决定企业控制农业经营决策程度的关键性因素,研究结果表明:企业资产专用性强度、对货源的质量要求、声誉资本的规模及所具备的市场垄断力量对企业控制农业经营决策的程度具有积极正向效应,而农户的专用性资产投资对企业控制农业经营决策的程度则不具有显著影响。Jia et al.(2010)将农业资产决策权配置分解为产前、产中和产后三个阶段,并利用中国157家农民专业合作社调查数据发现:投入要素采购和田间生产管理的重要决策以农户控制为主,而产品销售决策则越来越趋向集中,改由合作社控制。进一步研究发现,合作社经营的农产品种类、是否拥有自主品牌、产品是否通过相关机构的质量认证、牵头创办合作社的主体身份以及是否与龙头企业签订购销合同等因素对合作社控制农业经营决策程度具有显著的影响。

从国内已有的文献来看,有关经营控制权合约配置的研究成果非常欠缺,且已有成果基本都采用定性分析方法。例如,黄祖辉和王祖锁(2002)认为,农产品生产和加工都会涉及专用性资产,在不完全合约条件下易引发双边套牢问题,进而影响到各方专用性资产的投资激励;农户支配型合约可以规避企业套牢风险,在生产性资产高度专用性和产品高度易损性的领域具有效率优势;企业支配型合约可以规避农户套牢风险,在加工性资产高度专用性、生产性资产专用性程度较低和产品高度易贮性的领域具有效率优势;各自支配型合约通过农户与企业的资产专用性抵消作用而使合作剩余的分配较为公平,因而能够增强合约双方的专用性资产投资激励。王斌等(2011)通过构建"信任-交易成本-决策权配置"的理论框架,研究认为在合约将相关决策权配置给物质资本投入者带来的信任成本较高时,将相关决策权赋予人力资本投入者就具有效率优势;反之,则将相关决策权赋予物质资本投入者就具有效率优势;当合约双方的信任程度非常高时,相关决策权的配置就无关紧要。

2.2.3 价格风险合约配置

国外学者在研究价格风险的合约分配时，所关注的焦点主要在以下方面：一是合约交易的价格风险转移效应（Knoeber & Thurman, 1995；Martin, 1997；Hegde, 2001；Ramaswami et al., 2005）。二是合约交易的价格确定方式选择（Hueth et al., 1999；Kuiper et al., 2003；Olesen, 2003；Neira & Quagrainie, 2007）。三是农业生产者风险态度对其缔约行为的影响（Davis & Gillespie, 2007；Franken et al., 2009）。

Knoeber & Thurman（1995）根据美国肉鸡养殖户的跟踪调查数据研究发现：市场风险是农户从事肉鸡养殖所面临的主要风险，大致占到84%，若农户与企业签订合约交易，大约有97%的价格风险发生了转移，这主要是因为合约价格与市场价格相脱钩，不再随其波动而波动。Martin（1997）根据美国生猪养殖户的调查数据研究认为，与独立养殖户相比，合约养殖户的收入风险显著降低。其中收入风险主要源于要素购买和产品销售的价格不确定性，合约养殖之所以能够降低养殖户的收入风险，关键在于要素购买和产品销售的价格风险部分实现了向企业的转移。Hueth & Ligon（1999）认为市场价格能够提供有关产品质量的额外信息，有效的合约就不应该规避生产者面临的所有价格风险。他根据美国西红柿种植户的调查数据进一步研究发现，生产者承担的市场价格风险并没有全部转移给企业，而是转移了其中的53%，关键原因在于避免市场价格风险全部转移后生产者缺乏生产优质农产品的经济激励，进而给签约企业造成利益损失。Hegde（2001）指出，1994年是美国肉鸡合约价格确定方式的分水岭，在此之前实行合约价格与市场价格脱钩的方式，但在此之后，合约价格确定方式重新引入了市场价格，进而导致农户面临的价格风险增加。该文在参考 Knoeber & Thurman

(1995）肉鸡合约价格确定方式的同时考虑引入市场价格因素，结果显示，79%的市场价格风险由企业承担，这说明在肉鸡合约价格确定方式中引入市场价格因素后，企业承担的价格风险相对减少，而农户承担的价格风险则相对增加。Ramaswami et al.（2005）根据印度安得拉邦家禽产业的调查数据研究发现：农户选择与企业进行合约交易对价格风险的分配具有重要影响；就平均水平而言，实行合约交易后的农户仅需承担12%的价格风险；进一步调查还发现，价格风险向企业转移的关键原因在于产品销售价格在市场价格基础上的提升。

Hueth et al.（1999）和Wolf et al.（2001）利用美国果蔬产业的调查案例研究认为，企业与农户进行合约交易时更为偏好选择与市场价格相挂钩的产品定价制度，这主要是因为固定价格制度不利于激发农户生产优质农产品的积极性，容易导致"柠檬市场"的出现，进而造成整个产品市场陷入劣质低价的恶性循环，而与零售市场价格相挂钩的产品定价制度则能够使农户在承担部分价格风险的基础上，增加优质农产品的生产积极性，提高产品的市场竞争优势。Kuiper et al.（2003）以委托人风险中性和代理人风险厌恶为前提假设，认为固定报偿为负时的线性合约仍具有效率优势。他们根据荷兰土豆供应链的调查数据研究发现，尽管农户获得的固定报偿随着时间的推移而逐渐降低，甚至达到负值水平，但其激励强度几乎翻倍，且获得了相当数量的风险溢价，该结论意味着供应链上的价格风险主要由农户承担。Olesen（2003）考察了丹麦丹尼斯克食品企业与梨果种植户之间的合约价格制度，认为梨果单产水平对合约价格制度有重要影响。具体而言：对于梨果单产水平较低的农户，企业和农户签订固定收购价格合约，此时农户无须承担市场价格风险；对于梨果单产水平中等或较高的农户，企业和农户签订可变收购价格合约，且合约价格波动幅度低于市场价格波动幅度，此时市场价格风险由双方共同承担，两者的差异在于，后者合约价格的波动幅度相对较小，即农户面临的价格风险降低幅度更为明显。Mary et al.（2003）利用美国农业部农业和资源管理调查处（ARMS/USDA）的统计数据，考察了玉米和肉鸡合约价格的影响因素，分析结果表明：合约存续期长短与玉米合约价格正向显著相关，合约交易数量、合约要求农户负责产量损失与肉鸡合约价格正向显著相关；非农就业和生产转基因玉米与玉米合约价格负向显著相关，可变成本占总成本的比例、非农就业和养殖年限与肉鸡合约价格负向显著相关。Neira & Quagrainie（2007）以美国鲶鱼市场为例，考察了企业与养殖户之间的风险转移行为，结果显示：企业承担着所有的市场价格风险，不存在将价格风险转嫁给养殖户的现象；表面上，企业在承担所有的价格风险时，通过向养殖户支付尽可能低的收购价格以便获得自身收益的最大化，但实际上，养殖户在接受交底收购价格的过程中也获得了较高的经济激励，因而双方交易的合约关系较为稳定。Kuwornu et al.（2009）利用荷兰土豆营销渠道的统计数据就生产者、批发商和零售商之间如何配置价格风险进行了评价，其研究结果表明：随着生产者和批发商的风险厌恶程度降低，以及为了套期保值而使用期货市场，风险中性的零售商所承担的价格风险在下降；由于绝大多数批发交易是由生产者合作社操控，因而生产者面临的价格风险向批发商发生了很大程度的转移。

Davis & Gillespie（2007）基于美国生猪养殖户的调查数据研究发现，那些对市场风险持厌恶态度的农户与企业签订购销合约的可能性相对较高，这反映出农户与企业签订购销合约后，其面临的市场风险在某种程度上将得到有效规避，主要原因在于生猪交易时的定价制度差异，即在市场交易时，执行"随行就市"的定价制度，而在合约交易时，执行的是溢价定价制度。Franken et al.（2009）借助美国伊利诺伊州立大学农场经营与农场管理（FBFM）推广计划数据库，考察了风险感知和风险态度因素对生猪养殖户缔约行为的影响。研究表明，养殖户对生猪价格风险感知越强烈或养殖户对风险越厌恶，则其采取合约养殖模式的可能性越高。这一结论从侧面反映了合约养殖模式有助于降低养殖户面临的价格风险的观点。

从国内已有的相关文献来看，学者们对市场风险合约分配的考察还停留在定性探讨阶段，缺乏经验性的研究。孙良媛（2003）指出，农业产业化经营能够部分规避农户的价格风险，却无法完全消除农户的价格风险。通常情况下，农户的要素购买和产品销售的价格风险可以转嫁给企业，然而当产品滞销或市场价格剧烈波动造成企业无力承担风险损失时，价格风险将仍由农户承担。孙敬水（2003）认为合约价格的确定依据的只是局部市场状况，再加上决策能力的限制，合约价格并不具有代表性，其中一方会因市场变化而蒙受损失，合约价格无法彻底地转移价格风险，仅仅是在签约双方相互转移，因而缺乏应变能力。金雪军和王利刚（2004）通过对浙江省宁波市章水镇浙贝交易从传统交易模式演变出准合约交易模式、准拍卖交易模式以及准期货交易模式的案例进行分析，揭示了地区专用性小品种农产品在高价格波动下的风险规避行为，认为不同交易模式的选择都是不同交易者出于不同的风险偏好，遵从效用最大化原则进行的选择。此外，何坪华（2007）指出，机会主义行为会造成合约交易的价格风险在签约双方之间转移，不公平的风险分担将导致签约双方之间的利益矛盾。同时，他从风险转移的角度对固定合约价、随行就市价、保护价、浮动价和利润分成制度的风险分担效果分别做了深入探讨，认为合约价格条款的合理设计有助于实现风险共担，并且能够对违背合约的风险转移行为加以约束。生秀东（2007）认为，农业合约的价格条款能够在分担市场风险和防范违约行为等方面发挥积极作用，由于企业对双方总体经济效率的贡献往往大于农户的贡献，因而从效率角度讲，当合约缺乏约束力时，企业仍应执行保护价的收购条款以激励农户履约，进而降低合作利益损失。罗必良等（2008）对广东省徐闻县香蕉产业的滞销案例进行分析后，认为农业生产专业户的资产专用性程度差异决定了其抵御市场风险的不同能力；企业与农户进行"合同价+保护价"交易，即在市场价大于合同价的情况下企业对农户进行一定的补贴，而在市场价低于合同价时实行保护价收购，能够降低农户专业化生产的价格风险。

2.2.4 合约交易的收入效应

早期，国外学者曾就合约交易的收入效应问题进行过激烈争辩，所采用的研究方法侧重于定性分析，缺乏实证检验。Minot（1986）认为，虽然实行合约交易有助于农户获得生产信贷、投入要素、新技术和市场信息，并且顺利进入利基市场从事高附加值农产品的生产，但这并不意味着实行合约交易后的农户收益就会必然增加，关键还取决于交易双方的合约关系能否持续和稳定。Little & Watts（1994）通过对非洲地区七个合约种植实例进行研究后发现，能够从合约交易中受益的农户占30%~60%，其余农户则会遭遇不同程度的负面影响。而且，Grosh（1994）、Torres（1997）、Rangi & Sidhu（2000）和Satish（2003）等学者还进一步指出，合约种植不仅加剧了农户与企业之间的利益冲突，导致渠道关系的权力失衡，而且还造成了农业生态环境的恶化，严重威胁到农户增收的可持续性。Porter & Phillips – Howard（1997）和Singh（2002）等认为，实行合约交易可能会对农户增收具有正向效应，然而，这也会引发许多新的社会问题，如农业资产决策权的丧失、农户收入差距扩大以及家庭内部关系冲突加剧等。不过，Glover & Kusterer（1990）和Fulton & Clark（1996）的观点较为乐观，他们认为实行合约交易在增加农户收益的同时，不仅有助于充分利用农村剩余劳动力，而且能够使农户获得新技术扩散的溢价，进而形成农户增收的良性循环。

最近，国外学者开始采用定量分析工具来考察合约交易的农户增收效应。例如，Warning & Key（2002）利用塞内加尔花生种植户的调查数据研究发现：农户实行合约交易后种植收益增加了55%，农户在参加合约交易时不存在规模歧视的现象，这主要是因为花生种植的技术和资本门槛均较低。Birthal et al.（2005）考察了印度奶农、肉鸡养殖户和蔬菜种植户的生产成本和销售收益，研究认为农户实行合约交易后，每升牛奶的总成本下降了20.70%，其中生产成本和交易成本各下降了3.48%和93.07%，每千克肉鸡总成本下降了96.91%，其中生产成本和交易成本各下降了93.05%和57.78%，每千克蔬菜总成本下降了26.47%，其中生产成本和交易成本各下降了8.90%和89.92%。他们指出合约交易农户的肉鸡生产成本之所以出现如此大的降幅，主要是因为企业免费向农户提供鸡苗、饲料和药物等生产要素。Simmons et al.（2005）利用印度尼西亚玉米和水稻种植户以及肉鸡养殖户调查数据的研究发现：农户实行合约交易后，玉米种植和肉鸡养殖收益显著增加，水稻种植收益则无明显变化；玉米和肉鸡市场存在规模可观的潜在租金，加之玉米和肉鸡加工企业的专用性资产投资，为了约束农户违约倾向，合约收购价格高于市场价格；水稻市场的潜在租金规模相对较小，加之稻米加工企业的货源渠道较多，合约收购价格相对不高。Chang et al.（2006）利用中国台湾水稻种植户的调查数据研究发现：在其他条件不变时，合约交易农户与市场交易农户相比，每公顷水稻种植的销售收益增加了11%，生产成本降低了13%，平均利润增加了50%；从整体上看，农户实行合约交易后，其效率绩效提高了20%。

Andri & Shiratake（2007）利用印尼东爪哇省雪梨和洋葱种植户调查数据研究发现：农户实行合约交易后，每公顷雪梨和洋葱净销售收益分别增加了27.84%和57.26%，且每公顷雪梨和洋葱在销售环节的交易成本分别下降了25.52%和76.01%。Birthal et al. (2007) 利用印度南部安得拉邦的家禽养殖户调查数据研究发现：与市场交易农户相比，合约交易农户的家禽养殖利润并不具有明显的优势；但即便如此，合约交易农户的期望收益仍在很大程度上得到了改进，这主要是因为合约交易农户在市场交易情形下缺乏专业技术和信贷渠道，家禽养殖利润偏低，而在实行合约交易后获得了专业养殖技术和生产信贷服务，使家禽养殖利润大幅提升。Setboonsarng et al. (2008) 利用老挝首都万象市的水稻种植户调查数据研究发现：与市场交易农户相比，从事有机大米种植的合约交易农户每公顷利润增加了482美元，从事普通大米种植的合约交易农户每公顷利润平均增加额为334美元。Birthal et al. (2009) 利用印度拉贾斯坦邦的奶农调查数据研究发现：合约交易增加了农户销售牛奶的收益，与市场交易农户相比，合约交易农户每升牛奶销售收益增加约1.9卢比，纯收益则增加约1.1卢比；而且，合约交易能够节约农户销售牛奶的交易成本，在市场交易时，农户销售每升牛奶的交易成本平均约为2.47卢比，而在合约交易时，农户销售每升牛奶的交易成本平均约为0.81卢比，两者相差1.66卢比。

Miyata et al. (2008) 利用山东省苹果和洋葱种植户的调查数据研究发现：与市场交易相比，合约交易能够使农户的种植收益平均增加约1276元/公顷；其中，实行合约交易后，苹果种植收益的增加关键在于单位面积产量的提高，而洋葱种植收益的增加则主要是因为收购价格的改进。Bolwig et al. (2009) 利用乌干达咖啡种植户调查数据考察了合约交易对农户销售收益的影响，结果显示：合约交易对农户种植收益具有正向显著影响，即在其他条件不变的情况下，农户实行合约交易后，能够获得更高的种植收益，其原因主要是企业向签约农户提供了技术援助和有机认证。Minten et al. (2009) 考察了马达加斯加蔬菜种植户与生鲜超市之间的合约关系，其中生鲜超市负责向农户提供生产技术和投入要素,并制定严格的收购质量标准。研究表明:在其他条件不变时,与生鲜超市签订合约交易的农户将获得更高的销售收益,且收益波动性降低;此外,与生鲜超市签订合约交易的农户获得的新技术具有溢出效应,对稻米产量的提高具有较为显著的促进作用。Saigenji & Zeller(2009)利用越南西北部茶叶种植户调查数据研究发现,与国有企业签订合约交易的农户技术效率为0.69,与私营企业或合作社签订合约交易的农户技术效率为0.58,市场交易农户的技术效率为0.47;与市场交易农户相比,合约交易农户平均收益增加了40%,约为0.5美元/天。Bellemare(2010)估算了农户实行合约交易的支付意愿,并借此对农户实际实行合约交易的行为进行了控制,最后利用马达加斯加的农户调查数据研究发现:在其他条件保持不变的情况下,农户实行合约交易后的种植收益将增加12%~18%,收益波动性将降低16%,农田休耕期每年将减少2个月,成功获得金融机构贷款的可能性将提高30%。

国内研究方面,近几年也有部分学者开始对合约交易的农户增收效应有所关注。例如,黄祖辉和梁巧(2007)以浙江省箬横西瓜合作社为例进行分析,认为与合作社签订合约交易不仅有助于增强农户的安全感和抗风险能力,而且规模化生产、产品质量保证以及产品品牌效应能够提高农户的谈判能力和地位。胡定寰等(2006)利用山东省苹果种植户的调查数据研究发现,合约交易有助于增加农户收益。主要原因在于,为了保证产品品质达到安全标准,超市不仅给予农户技术上的指导,而且提供高于市场价的合同收购价。祝宏辉(2007)利用新疆番茄种植户的调查数据研究发现:订单农业生产方式对农户种植产量、收入的增加作用显著,并且相对于非订单农业生产方式而言,订单农业的要素使用效率更高。孙艳华等(2007)以江苏省肉鸡养殖为例考察合作社的增收绩效,结果显示,与独立养殖相比，农户通过合作社的"利润返还""饲料上门""防疫上门"等服务较为显著地实现了增收绩效。郭建宇（2008）以山西省农户调查数据为基础研究发现：农业产业化对农户增收的影响程度与农户耕地数量、户主文化程度、与企业合作关系紧密程度有关。具体而言，农户耕地规模越大、户主文化程度越高、与企业合作关系越紧密，农业产业化促进农户增收的效果就越明显。孙艳华等（2008）利用江苏省肉鸡行业的调查数据研究认为，与市场交易和合作社相比，签订生产合同的农户能够获得更高的单位养殖净利润，其原因主要是生产合同模式除了以规定的保护价收购肉鸡以外，还为养殖户提供优质服务。徐健和汪旭辉（2009）利用五省（区）农户调查数据研究认为：在户主年龄、户主学历、劳动力人数、种植面积、农业投入能力等因素保持不变时，签订合约交易能够显著增加农户净收益；与"公司＋农户"模式相比，"公司＋经纪人＋农户"模式更能促进农户增收，而"公司＋大户＋农户"和"公司＋合作社＋农户"模式却并不具有显著优势。

2.2.5　农户施肥和施药行为决策

国外学者在考察农户施肥或施药行为的影响因素时，主要是针对经济发展水平较低的非洲国家，这是因为大多数非洲国家农业生产仍然停留在传统农业阶段，如何诱使农户采用化肥和农药等投入要素以提高作物产量正成为当务之急（Adesina, 1996; Nkamleu & Adesina, 2000; Makokha et al., 2001; Lagat et al., 2003; Chirwa, 2003; Winter－Nelson & Temu, 2005; Tatlidil & Akturk, 2004; Marenya & Barrett, 2008; Egyir et al., 2011; Zerfu & Larson, 2011）。在欧美等经济发达国家，鉴于农业生产中施肥和施药行为造成的污染较为严重，因而学者们重点关注的问题是如何设计出合理的制度以激励农户减少对肥料和农药的施用。当然，也有一些学者专门研究农业保险与农用化学品要素投入之间的关系（Horowitz & Lichtenberg, 1993; Smith & Goodwin, 1996; Mishra et al., 2005; Zhong et al., 2007）。其中，有关农户施肥和施药行为决策较具代表性的文献如下。

Adesina（1996）利用科特迪瓦水稻种植户调查数据研究发现：农户化肥施用强度主要受到耕地规模、土壤质量、机械化种植、耕地压力、非农收入、户主受教育水平、耕地与村庄距离和与化肥市场距离等因素的影响。Nkamleu & Adesina（2000）以喀麦隆农户调查数据为基础研究认为：受教育程度较高或耕地离家较远的农户施用化肥的可能性相对较高，户主为男性、采用连作式耕作制度或以往接受过农技服务的农户施用农药的可能性相对较高，耕地产权为自有的农户施用化肥和农药的可能性均相对较低。Makokha et al.（2001）利用肯尼亚玉米种植户调查数据研究发现：农户的化肥施用行为主要与户主年龄、有无接受农技服务、有无参加合作社和有无非农就业收入有关。其中，户主年龄较大、参加合作社或有非农就业收入的农户施用化肥的可能性较高，而接受农技服务的农户施用化肥的可能性则较低。Winter-Nelson & Temu（2005）利用坦桑尼亚咖啡种植户调查数据研究发现：农户化肥施用强度主要受到产品预期价格、与化肥市场距离、种植密度、户主性别、家庭劳动力数、家庭收入水平等因素的影响。产品预期价格将上升、户主为男性、家庭收入水平较高的农户化肥施用强度相对较高，而与化肥市场距离较远、种植密度较高或家庭劳动力数较多的农户化肥施用强度则相对较低。

Marenya & Barrett（2008）利用肯尼亚玉米种植户调查数据研究发现：农户是否施用化肥主要与种植规模、户主性别、户主年龄、是否接受技术服务、能否赊账购买化肥、购买化肥的时间消耗等因素有关。户主年龄较大、受教育水平较高、机械化种植或获取信贷资金方便的农户化肥施用强度相对较高，而种植规模较大、户主为男性或允许赊账购买化肥的农户化肥施用强度则相对较低。Egyir et al.（2011）利用加纳芭蕉种植户的调查数据研究认为：户主年龄较大、受教育程度较高、家庭收入水平较高、拥有喷雾器具、能够获得信贷资金和拥有正规信息渠道的农户，施用农药的积极性相对较强；而种植年限较长、种植规模较大、与农药市场距离较远或存在雇工种植的农户，施用农药的积极性则会相对较弱。Zerfu & Larson（2011）利用埃塞俄比亚 2004~2006 年农户施肥情况的面板数据研究发现：当农户容易获取信贷资金、参加政府技术服务计划、所在村庄设有肥料直销店、家庭收入水平较高、户主受教育水平较高或户主为村委会成员时，农户将增加肥料施用量，而当户主年龄较大或肥料市场价格波动幅度较大时，农户将降低肥料施用量。

Horowitz & Lichtenberg（1993）以美国玉米产业为例考察作物保险对农户施肥和施药行为的影响，结果显示在其他条件不变时，购买作物保险诱使农户氮肥施用量增加约 19%，农药施用量增加约 21%，其中除草剂和杀虫剂各增加约 7% 和 63%。Mishra et al.（2005）在考察美国小麦种植户施肥和施药行为时也特别关注了作物保险的影响，研究结果表明：农户施肥行为主要受到土壤肥力、耕地是否易侵蚀、动物源肥料施用量和是否购买作物保险等因素的影响，其中购买作物保险将使农户减施肥料 18.75 美元/公顷；农户施药行为主要受到耕地是否位于病虫害易发地区和农药径流潜力指数等的影响，其中购买作物保险对农户施药行为不具有显著性影响。Zhong et al.（2007）利用中国新疆棉花种植户的调查数据研究发现：农户施药行为主要受到土地质量、种植密度、近四年棉田遭受损失程度、户主务农时间、近两年棉田平均单产和是否购买农业保险的影响；农户施肥行为主要受到户主受教育程度、土地质量、近四年棉田遭受损失程度和是否购买农业保险的影响；其中，在其他条件不变的情况下，与未投保农户相比，投保农户将增加约 2.67 元/亩的化肥投入，而减少约 5.08 元/亩的农药投入。

此外，也有少数学者认为农业产业化可能会对农户施肥或施药行为产生影响，但遗憾的是，目前这类文献不仅数量缺乏，而且研究深度也明显不足。例如，Tatlidil & Akturk（2004）利用土耳其西红柿种植户调查数据研究发现：合约种植模式下农户肥料和农药投入平均分别为 196 美元/公顷和 70 美元/公顷，非合约种植模式下的农户肥料和农药投入平均分别为 168 美元/公顷和 69 美元/公顷，据此可以初步认为合约种植模式对农户施肥行为具有一定程度的影响。Zhou & Jin（2009）利用中国浙江省蔬菜种植户调查数据研究发现：参加合作社的农户与未参加合作社的农户相比，施用高毒农药的频次相对较低，这主要是因为农户参加合作社的合约安排严格限制了农户选择农药类型的范围，并且规定合约收购价格与产品质量相互联系。

国内研究方面，目前已有不少学者对影响农户施肥或施药行为的因素进行了考察。例如，王华书和徐翔（2004）、张云华等（2004）、马骥等（2005）、马骥（2006）、何浩然等（2006）、周峰和徐翔（2008）、黄季焜等（2008）、顾和军和纪月清（2008）、巩前文等（2008）、徐卫涛等（2010）、王志刚等（2011）、宁满秀和吴小颖（2011）等。其中，较具代表性的文献如下。

张云华等（2004）通过对 3 省 15 县（市）的农户调查发现：近半数农户选择施用高毒农药，无公害和绿色农药的施用者并没有绝对优势，这主要是受到农户户主特征、家庭经营特征以及外部环境特征等因素的影响。马骥等（2005）利用华北平原冬小麦种植户调查数据研究认为：农业劳动力年龄、氮素价格、土壤肥力、种植业收入比重、种植规模和有无施用有机肥是影响农户氮素施用量的关键因素。何浩然等（2006）基于 9 省 10 县农户调查数据的研究表明：非农就业对农户化肥施用水平具有一定的促进作用，有机肥和化肥之间的替代性并不十分明显,农业技术培训与农户化肥施用水平呈正相关关系,不同地区的农户化肥施用水平存在较大差异。马骥(2006)在调查华北平原冬小麦和夏玉米种植户的施肥行为时发现:绝大多数农户存在过量施用化肥的倾向,除化肥价格、家庭非农收入和农业劳动力受教育程度以外,影响农户化肥施用量的因素还包括土壤质量、作物种植目的、是否接受过施肥技术指导、是否施用有机肥以及农户风险态度等。黄季焜等(2008)以转基因 Bt 抗虫棉调查数据为基础的研究认为:如果农户了解病虫害防治技术的信息和知识,其农药施用量将减少;为了避免病虫害等意外风险带来的损失,越倾向于规避风险的农户农药施用量越多;此外,农药价格、户主文化程度和家庭财产状况等因素对农户施药量也具有显著性影响。巩前文等(2008)利用江汉平原农户调查数据研究发现:农户施肥量决策主要受到耕地离家距离、耕地等级、耕地灌溉便利程度、耕地产权、是否接受过施肥技术指导、种粮是否划算和农产品商品化比例等因素的影响,且不同因素的影响程度和显著性存在差异。宁满秀和吴小颖(2011)以福建省茶农为研究对象着重考察了技术培训对农户化学要素施用行为的影响,结果显示:农户化学要素施用行为主要受到户主文化程度、土壤质量、病虫害严重程度和是否参加技术培训等因素的影响;其中,参加技术培训与农户化学要素施用量负相关,即参加技术培训显著降低了农户化学要素施用量。

此外,还有少数学者专门就农业生产的不同垂直协作方式与农户施肥行为之间的关系进行了研究。例如,周峰和王爱民(2007)利用南京市蔬菜种植户调查数据研究发现:在其他条件保持不变时,关系紧密型垂直协作方式对农户施肥行为的影响较为显著;与市场交易方式相比,关系紧密型垂直协作方式下的农户化肥施用水平将平均减少 28 元/亩,农家肥施用水平将平均增加 31 元/亩。张利国

(2008) 利用水稻种植户调查数据研究认为：与市场交易方式相比，销售合同、生产合同、合作社和垂直一体化等紧密型垂直协作方式能够不同程度地诱导农户减少化肥施用量；环境关注程度、有机肥施用量、是否参加农技培训对农户化肥施用量也具有显著性影响。与其他文献相比，上述两篇文献的研究视角较为新颖，然而不足之处在于未能就垂直协作方式影响农户施肥行为的作用机理展开深入研究。

2.2.6 简短评述及研究启示

作为农户合作联盟的合作社大致可以分为两类，一是强调横向合作关系的生产者协会，二是强调纵向合作关系的营销合作社（Feng & Hendrikse, 2008）。其中，生产者协会形成的目的是增强农户参与市场的联合议价能力，而营销合作社的形成则主要是为了获取下游加工环节的增值利润。西方发达国家农业合作社的发展历史悠久，其业务规模具有相当程度的市场优势，例如，目前在欧洲，通过农业合作社生产或销售的农产品市场份额超过60%，交易额接近2100亿欧元（Galdeano et al., 2005）。考虑到西方发达国家的农户近乎完全产业化经营的客观事实，假设各个农户经营的规模相当，那么可以推断，欧洲约有60%的农户参加了合作社，而其余约40%的农户则选择与企业签约交易。此外，西方发达国家的农业合作社源自农户间自发合作的需求，属于典型的诱致性制度变迁的结果，并且更为重要的是，合作社完全由农户所有和控制（Barton, 1989）。与西方发达国家不同，中国农民专业合作社的发展历程相对较短，目前成员覆盖范围仅占全国农户总数的13.8%（张晓山，2009），并且普通农户"不善合作"而又"需要合作"的特征导致非农户主导的外生型合作社成为合作的必然选择（黄胜忠，2008）。正是因为这一背景差异，国外学者对农户参加合作社行为决策的关注程度较低，取而代之的问题则是当合作社与IOFs共存时，农户应当如何在其中做出选择；相反，为了鼓励越来越多的农户参加合作社，加速推进农民专业合作社的发展，国内学者对农户参加合作社行为决策的研究则表现出极为浓厚的兴趣。

农户参加合作社后，似乎只是形成了身份的隶属关系，但从本质来看，则更多的是意味着某种合约交易关系的形成。Sykuta & Cook（2001）指出，任何合约交易关系至少包含资产决策权配置、风险分担和收益分配等内容。然而，令人遗憾的是，到目前为止，有关合作社内部交易合约安排的研究成果仍相当缺乏，国内外学者更多的是关注农户与企业之间交易的合约安排问题。尽管如此，这些文献对于该研究的开展仍然具有重要的参考价值。第一，关于决策权的合约安排问题。绝大多数学者从交易成本理论和不完全合约理论的视角进行了解释，其中存在的主要不足是缺乏实证检验；当然，也有极少数学者利用实地调查数据就农业生产决策权的合约安排问题进行了经验考察（例如，Hu & Hendrikse，2009），并且从中获得了一些重要的研究成果，但欠缺之处在于没有考虑同一企业或合作社与不同类型农户订立合约时可能会存在差异化的合约安排现象。第二，关于价格风险规避的问题。国外学者从多个角度对农户实行合约交易模式后的价格风险规避进行了研究，例如模拟计算签约交易后的价格风险规避程度、探讨企业对交易合约的价格条款设计以及考察风险因素对农户交易合约选择行为的影响等，其研究方法侧重于定量分析。与国外学者不同，国内学者在这一问题上所关注的焦点则是合约交易规避农户价格风险的条件，亦即合约价格条款的选择，其研究方法仍以定性分析为主。第三，关于合约交易的收入效益问题。国外学者在农户与企业实行签约交易能否带来自身收入增加的问题上存在两种观点，一是认为合约交易在短期内能够增加农户收益，但从长期来看却不利于农户增收，二是认为合约交易能够带来农户收入的持续增加；在研究方法上，前者侧重于案例分析，后者则强调定量研究。国内学者的研究普遍认为，合约交易是节约农户交易成本和增加农户收益的重要制度安排，但采用的研究方法主要是定性分析和案例研究，定量研究仍相对缺乏。

关于农户施肥和施药行为决策的研究，国外文献具有如下鲜明特点：针对非洲国家时，更为强调如何促使农户多施用农业化学品要素；针对西方发达国家时，则更多强调如何诱导农户少施用农业化学品要素。为此，部分学者的研究旨在揭示影响农户施肥或施药行为的关键因素，以便提出具有可操作性的激励农户多施用肥料或农药的政策措施，从而提高作物产量；其他学者的研究则旨在揭示某项制度安排（如农业保险）是否会对农户施肥和施药行为构成影响，试图弄清此项制度能否实现经济和环境功能间的相互协调。国内研究方面，也有不少学者对农户施肥和施药行为的影响因素进行了研究，目的是探明如何采取针对性措施促使农户降低肥料和农药施用量，以控制农业非点源污染并保证农产品质量安全。Hueth et al. (1999)认为，交易合约的内部制度安排限制了农户行动集合的选择范围，从而有可能会对农户施肥和施药行为产生影响。然而，令人遗憾的是，关于合约交易与农户施肥和施药行为的关系的研究尚未引起国内外学者的重视，而这对于弄清和理解合约交易的环境含义具有非常重要的意义。

纵观现有文献，无论是在西方发达国家还是在发展中国家，关于合作社内部交易合约安排及其环境效果的研究尚未引起学者们的足够关注。事实上，在转型经济时期的中国，就这一问题展开深入研究尤为必要。其理由有三：第一，由于小农户的资源禀赋约束和集体行动的内在矛盾，绝大多数农民专业合作社都是由企业、贩销户和基层政府组织等领头创办，小农户与合作社（核心社员）之间存在利益目标上的冲突。第二，受社员异质性和合作社自身因素的影响，合作社内部交易合约安排不仅在不同合作社之间存在差异，而且在同一合作社内部的不同社员之间也可能存在差异。第三，鉴于当前农户肥料施用结构失衡和农药过量施用现象十分突出，弄清合约交易对农户施肥和施药行为的影响及作用机理，有助于设计出使经济和环境功能相互协调的合约安排。为此，在结合前人研究成果的基础上，本书选择山东省苹果种植户作为研究对象，深入考察农民专业合作社内部交易合约安排及其对农户生产行为的影响，以期为相关决策者提供理论参考和实证依据。

3 调研设计

鉴于目前公布的统计数据无法提供有关微观主体经营的详细资料，并且其抽样方式和调查对象也难以满足具体的研究需要，课题组采用入户访谈的方式来获取研究所需要的微观数据。本章首先介绍研究的背景，包括山东省农民专业合作社的发展现状和苹果产业的发展概况，然后详细交代样本区域选择、数据获取、问卷设计以及数据基本信息描述等方面的情况。

3.1 研究背景

以山东省苹果产业为例来研究农户参加合作社后的合约安排及对生产行为的影响，主要是基于以下几点考虑：（1）苹果是中国重要的水果产业，年产量接近世界总产量的50%，具有不可忽略的经济地位；（2）山东省是中国渤海湾苹果主产区的重要省份，苹果产业已发展成为农村经济的支柱产业；（3）山东省农民专业合作社的发展历史较久，且总数位居全国之首，在开展标准化、规模化生产和品牌建设的过程中对苹果质量和产业发展均具有较大的影响。总的来看，选择山东省苹果种植户为研究对象，能够很好地满足本研究的样本需要。

3.1.1 山东省农民专业合作社发展现状

山东省对农民专业合作社的发展历来十分重视，早在2006年10月《中华人民共和国农民专业合作社法》颁布之前，就已经先后于

1999年、2005年分别出台了《关于加快发展农村合作经济组织的意见》和《关于鼓励和引导农民专业合作经济组织发展的意见》，前者确立了以合作社推行农业产业化的工作思路，后者则旨在促进农民专业合作组织按照正确的方向加快发展。2003~2008年，山东省财政厅共筹集近3亿元专项资金用以扶持当地农民专业合作社的发展，特别是在2009年，该专项扶持资金历史性地增加到了7000万元。目前，全省多数市和部分县（市、区）都专门成立了领导小组或建立了联席会议制度，将农民专业合作社的发展纳入政府年度考核内容，为农民专业合作社发展营造了良好的环境，促进了农民专业合作社的快速发展。

截至2008年12月底，山东省农民专业合作社已经发展到18490家，出资总额134.7亿元，成员总数19.7万个，其中，临沂、青岛、烟台、潍坊、济南五市的农民专业合作社登记数量位居全省前列，占全省合作社总数的58.6%。在"谁有能力谁领办、谁有意愿谁参加、谁能办好支持谁"的原则下，山东省积极鼓励和引导多类主体创办农民专业合作社，形成了能人大户带头、村组干部领办、龙头企业带动、涉农组织引导等多种形式。目前，农村种养大户、技术能人、村组干部、经纪人等已经成为发展农民专业合作社的重要力量，农业龙头企业、基层农技推广组织和供销社等在合作社的建设中也发挥着不可或缺的作用。从各地实践来看，农民专业合作社的业务范围基本覆盖了农业生产的各个环节，已经从过去单一的生产资料、生产技术服务等开始向开展统一服务、组织标准化生产、产品质量认证、加工贮藏运输、品牌营销等领域拓展。根据相关部门的调查和统计，2009年山东省农民专业合作社共组织购买农业生产要素总值达104亿元，其中统一购买比例超过80%的合作社占到了全省全部合作社的62%；统一组织销售农产品总值达331亿元，其中统一销售比例超过80%的合作社占到了全省全部合作社的96%。

3.1.2 山东省苹果产业发展概况

山东省苹果产业经历过三次大的发展,分别是在20世纪50年代中期、60年代中期和1985年之后,截至目前,山东省已经发展成为中国优质苹果的重要生产基地。1990年,山东省苹果栽植面积为62.40万公顷,占全国苹果栽植总面积的25.5%;2009年,山东省苹果栽植面积降到了27.00万公顷,占全国苹果栽植总面积的13.2%。在短短20年的时间内,山东省苹果栽植面积总共减少了35.4万公顷,年均减少约4.3%。出现这一现象的主要原因是,从20世纪90年代开始,山东省苹果产业的发展进入调整阶段,非适宜区和适宜区内的非适宜品种以及管理技术落后和经济效益低下地区的苹果栽植面积大幅削减。不过,令人惊讶的是,尽管山东省苹果栽植面积不断削减,但其年产量却表现出不断增长的态势。1990年,山东省苹果总产量为143.2万吨,占全国苹果总产量的9.8%;2009年,山东省苹果总产量迅速增加至771.0万吨,占全国苹果总产量的24.3%。1990~2009年,山东省苹果总产量年均增长约9.3%。在出口创汇上,山东省苹果出口量占全国苹果总出口量的份额逐年上升,由2000年的37.6%增加到2008年的48.0%,2009年略有下降,占45.4%。山东省与全国苹果生产及贸易概况具体见表3-1。

表3-1 山东省与全国苹果生产及贸易概况

年份	种植面积(万公顷)			总产量(万吨)			出口量(万吨)		
	全国	山东	比例(%)	全国	山东	比例(%)	全国	山东	比例(%)
1990	244.9	62.4	25.5	1455.9	143.2	9.8	—	—	—
1995	295.3	66.4	22.5	1765.3	406.3	23.0	—	—	—
2000	225.4	44.4	19.7	2043.1	647.7	31.7	43.9	16.5	37.6
2005	189.0	34.3	18.1	2401.1	671.7	28.0	82.4	36.1	43.8

续表

年份	种植面积（万公顷）			总产量（万吨）			出口量（万吨）		
	全国	山东	比例（%）	全国	山东	比例（%）	全国	山东	比例（%）
2006	189.9	31.1	16.4	2605.9	693.1	26.6	80.4	37.4	46.5
2007	196.2	30.5	15.5	2786.0	724.9	26.0	115.3	53.4	46.3
2008	199.2	27.6	13.9	2984.7	763.2	25.6	101.9	48.9	48.0
2009	204.9	27.0	13.2	3168.0	771.0	24.3	117.2	53.2	45.4

数据来源：《中国农业年鉴》（历年）。

在苹果栽植面积分布上，烟台、威海和青岛三市是山东省的苹果栽植主产区。2009年，三市苹果栽植面积约为14.7万公顷，占山东省苹果总栽植面积的54.4%，其中，烟台市苹果栽植面积为10.4万公顷，占到山东省苹果总栽植面积的38.5%。自20世纪90年代开始，青岛市苹果栽植面积逐年减少，从1990年的3.4万公顷减少到了2009年的1.7万公顷，平均每年减少3.6%；烟台市苹果栽植面积从1990年的7.5万公顷先增至2007年的11.1万公顷，然后又减为2009年的10.4万公顷；威海市苹果栽植面积则从1990年的3.2万公顷先减至2005年的2.2万公顷，然后又增加到了2009年的2.5万公顷。在苹果年产量分布上，烟台、威海和青岛三市的苹果年产量位列山东省前三位，2009年，三市苹果产量之和约为475.2万吨，占山东省苹果总产量的61.6%，其中烟台市苹果年产量达359.6万吨，占山东省苹果总产量的46.6%。尽管青岛市苹果栽植面积逐年减少，但其年产量却表现出稳步增长的态势，从1990年的17.5万吨增加到了2009年的53.2万吨，年均增长率为6.0%；烟台市苹果年产量20年内增长了10余倍，从1990年的31.0万吨增加到了2009年的359.6万吨，年均增长率高达13.8%；最近十年，威海市苹果产量总体也呈现出稳步增长的趋势，2000年为45.6万吨，

2008 年增加至 65.4 万吨，2009 年略有下降，为 62.5 万吨。山东省各市（县）苹果种植面积及产量分布情况具体见表 3-2。

表 3-2　山东省各市（县）苹果种植面积及产量统计表

单位：公顷、吨

	1990 年		2000 年		2005 年		2009 年	
	面积	产量	面积	产量	面积	产量	面积	产量
济南	13256	32267	23240	256512	20171	246489	15969	248485
青岛	34108	175043	32343	471551	26631	455955	17476	531574
淄博	11865	42826	1096	179542	13441	288467	14564	456030
枣庄	3968	20744	6550	73542	5031	74200	3958	62348
东营	2522	3741	8957	51523	4399	44274	3046	46761
烟台	74936	309987	91215	1952458	102180	2705525	104073	3596019
潍坊	49043	158044	32710	625560	20058	494980	12999	413643
济宁	11767	36591	23912	136173	11312	92139	3980	105138
泰安	19085	53255	18653	281914	13233	224917	9000	176668
威海	32359	129444	25261	456421	21584	482949	25064	624687
日照	5895	43605	11701	251400	6259	153639	4370	139406
莱芜	—	—	4803	38667	4297	31926	2106	20695
临沂	—	—	61893	555300	22828	448430	13443	377473
德州	—	—	30028	376524	21755	239885	5469	153931
聊城	—	—	29411	191829	22645	248287	15043	270193
滨州	—	—	15608	175448	9608	138541	6049	134539
菏泽	—	—	29700	402622	17039	346031	13790	352908

数据来源：《山东统计年鉴》（历年）。

近年来，山东省苹果种植的总成本不断上涨，从 2005 年的 2545.0 元/亩增加到 2009 年的 3844.4 元/亩，其中，化肥费用从 491.4 元/亩增至 871.2 元/亩，农家肥费用从 76.7 元/亩减至 75.9

元/亩，农药费用从 319.3 元/亩增至 396.1 元/亩。此外，苹果种植的产值和净利润也表现出不断增加的趋势，分别从 2005 年的 4302.8 元/亩、1757.8 元/亩，增加至 2009 年的 8144.7 元/亩、4300.3 元/亩，利润率分别为 69.1% 和 111.9%，这说明苹果生产的投资收益率较高。但是，从最近五年苹果生产的利润率变化趋势来看，波动幅度较大，2008 年的利润率为 65.2%，而在 2007 年，利润率则达 136.5%，相差 1 倍之多，这可能是因为，苹果生产存在"大年"和"小年"特征，不同年份之间的产量供给波动幅度较大，从而导致市场价格不稳定。山东省苹果生产成本收益统计的具体情况见表 3 - 3。

表 3 - 3　山东省苹果生产成本收益统计表

单位：元/亩

	2005 年	2006 年	2007 年	2008 年	2009 年
总成本	2545.0	2729.9	3065.3	3707.9	3844.4
其中：化肥费	491.4	484.2	621.6	873.1	871.2
农家肥费	76.7	69.2	63.1	66.0	75.9
农药费	319.3	331.2	369.8	410.1	396.1
产值合计	4302.8	4872.5	7249.8	6125.1	8144.7
净利润	1757.8	2142.6	4184.6	2417.3	4300.3
利润率（%）	69.1	78.5	136.5	65.2	111.9

数据来源：《全国农产品成本收益资料汇编》（历年）。

3.2　数据获取

3.2.1　抽样方法

根据山东省苹果栽植面积和产量的分布情况，本研究选择了烟台和青岛两个地级市作为样本区域。样本区域确定后，课题组采取了分层随机抽样的方法，从而保证了所得样本的代表性。具体来讲，首先选择了苹果栽植相对集中的栖霞、蓬莱、龙口、招远、牟平、莱州、胶南和莱西八个县（市、区），其中前六个县（市、区）隶属烟台市，总的苹果栽植面积约占全市的90%，后两个县（市、区）隶属青岛市，总的苹果栽植面积约占全市的80%；然后在每个县随机抽取三个行政村或自然村；再在每个村随机抽取15户苹果种植户作为调查对象；最后通过与被抽取的每个苹果种植户进行面对面的入户访谈，完成事先设计的调研问卷（详细问卷请参见附录）。

3.2.2 数据收集

为了使设计的调研问卷能够全面、精要地包含研究所需要的所有信息，以及确定问卷中的所有问题能够轻松、无歧义地被受访农户所理解，课题组在正式调研之前先进行了小范围的预调研。2010年1月中旬，笔者在栖霞、龙口和莱西三个县（市、区）随机访谈了30户苹果种植户，旨在了解苹果生产的基本情况、参加合作社的合约安排和成本－收益等信息，进而检验问卷中相关问题设计的合理性，补充遗漏的问题和选项，删除多余的问题和选项，对问卷中每一个问题的准确性和数据的可得性进行仔细检查，经过对问卷多次修改和调整后，最终确定了正式的调研问卷。

正式调研于2010年3月底至4月底进行，共访谈了360户苹果种植户。每份调查问卷都是经过事先培训的研究生和本科生调查员入户与农户进行面对面的访谈，访谈采取调查员口头提问、农户口头回答的方式，并对一些敏感性问题如农户的家庭收入、苹果种植的成本和收益等巧妙地设计前后验证题项，以便调查员在访谈中一旦发现关键性数据存在矛盾答案，可与农户进一步确认和重新提问以确保数据的准确性和问卷的有效性。问卷回收后，根据研究需要进行筛选，剔除关键数据缺失的问卷，最终有效问卷348份，有效率为96.7%。各县（市、区）苹果生产概况及样本农户地理分布情况如表3-4所示。

表3-4 各县（市、区）苹果生产概况及样本农户地理分布情况

生产概况\调查点	栖霞	蓬莱	龙口	招远	牟平	莱州	胶南	莱西
果园面积（万公顷）	3.87	1.73	1.07	1.34	1.67	1.67	0.93	1.13
总产量（万吨）	130.0	31.8	45.0	48.0	46.0	60.0	28.0	14.5
亩产量（吨）	2.2	1.2	2.8	2.4	1.8	2.4	2.0	0.9
样本数量（户）	45	43	43	42	45	42	44	44
所占比例（%）	12.9	12.4	12.4	12.1	12.9	12.1	12.6	12.6

注：各县（市、区）果园面积、总产量和亩产量数据由各地果业局调查统计。

3.2.3 问卷结构

本研究采用结构式问卷，具体包括以下内容：

封面包括农户编号、样本点编号、调查日期、访谈起止时间、访谈对象姓名、联系方式、调查员姓名、复核员姓名和调查须知等信息。

农户及家庭概况部分包括户主性别、年龄、受教育程度、是否为村干部、风险态度、家庭总人口数、农业劳动力数、家庭年均总收入、家庭收入构成等信息。

苹果种植特征部分包括苹果种植年限、种植面积、种植品种、苹果质量、种植密度、树龄、市场风险、自然风险、农业保险、参加培训情况、耕地产权及年租金、地形、土壤类型、灌溉便利性、灌溉方式、获得认证的情况、果园到住所的距离、新栽果园的前期投入成本构成、果园扩张意愿、政府扶持以及是否愿意参加合作社等信息。

苹果销售行为部分包括销售渠道、各个渠道的选择原因、销售

渠道的偏好排序、各个渠道销售比例和销售价格等信息。

现货市场交易概况包括价格波动幅度、信息获取费用、信息获取难度、信息渠道、销售价格满意度、质量等级满意度、质量检测内容、交易达成的议价次数和议价时间、与果品批发市场距离、到成交地点运输时间、运输费用、交通工具、运输困难程度、货款结算方式等信息。

农户所参加的合作社信息包括参加合作社时间、是否担任职务、合作社领办主体、合作社营销渠道、是否聘请农技员、专用性投资、交易货款的结算方式、是否进行二次返利等。

农户参加合作社的合约安排部分包括肥料采购、农药采购、套袋采购、肥料施用、农药施用、套袋时间、摘袋时间、果园灌溉、栽植密度、修枝整形、花果管理和采收时间等决策由谁控制，决策权发生转移的原因、价格确定方式、平均溢价幅度、苹果质量检测内容、苹果质量不合格的处理方式及应对措施等信息。

肥料和农药购买部分包括质量信息搜集费用、与肥料和农药供应点距离、是否提供送货上门服务、是否可以赊账、运输工具、运输时间消耗、运输费用等信息。

肥料施用决策信息包括肥料总施用量、化肥施用量、有机肥施用量、肥料利用效率、是否会考虑环境影响、是否愿意降低肥料施用量等。

农药施用决策信息包括农药的名称、总施用量、施用次数、农药危害性认知、施药剂量是否过量、农药施用的考虑因素、是否愿意减少农药施用量等。

技术采纳部分包括农户是否采纳测土配方施肥技术和病虫害综合防治技术、采纳和未采纳的各自原因、技术服务组织的选择以及是否收费等信息。

成本收益信息包括肥料与农药的总投入费用、灌溉费、油费、设备维修费、设备租赁费、植物检验检疫费、认证费、冷库贮藏租金、枝条和花粉购买费、套袋费、雇工费以及其他支出等，种植收益信息包括苹果质量等级、亩产量、销售价格和销售收益等。

问卷设计的最后部分为选择实验法的应用实例，旨在考察农户对合约结构的偏好，选择集属性包括苹果交易价格确定方式、渠道关系稳定程度、经营决策权配置情况和苹果种植预期利润等。

3.2.4　数据基本信息描述

根据调查统计结果，有201户农户参加了当地的苹果专业合作社，占样本总数的57.8%。从农户及家庭概况来看，被调查农户中，户主绝大多数为男性，约占87.4%；户主受教育程度普遍不高，受教育程度集中在初中和高中/中专水平；户主平均年龄约为46岁，分布在25至67岁之间。被调查农户中，家庭非农就业收入占家庭年总收入的比例平均介于25%至50%之间，其中，从事苹果种植的收入占家庭年总收入的比例平均介于40%至60%；家庭农业劳动力个数平均为1.8个，意味着不少农户家庭农业劳动力供给不足，需要雇佣劳动进行苹果种植。从农户苹果种植特征来看，被调查农户中，苹果种植规模平均为4.3亩，以中小规模为主，这主要是因为苹果种植属于劳动密集型产业，家庭劳动力供应和耕地规模等因素限制了其进一步扩张；苹果种植年限平均为16.2年；苹果种植密度平均为66.7株/亩，说明果园群体结构合理，能够保证树体通风透光条件。从成本收益信息来看，被调查农户中，苹果种植的化肥成本平均为849元/亩，有机肥成本平均为400元/亩，农药成本平均为713元/亩，套袋成本平均为464元/亩，灌溉成本平均为182元/亩，雇工成本平均为127元/亩，苹果种植的净收入平均为4590元/亩，纯收入平均为4140元/亩。

被调查农户的基本信息统计情况如表3-5所示。

表 3-5 样本农户基本情况统计

基本指标	社员农户		非社员农户		全部农户	
	均值	标准差	均值	标准差	均值	标准差
户主性别①	0.89	0.31	0.84	0.37	0.87	0.33
户主年龄	45.58	7.09	47.12	7.97	46.23	7.49
户主受教育程度②	2.85	0.87	1.85	0.65	2.43	0.92
户主风险态度③	1.98	0.67	1.31	0.55	1.69	0.70
家庭非农收入比重④	2.68	0.81	1.46	0.56	2.16	0.94
苹果收入所占份额⑤	3.18	1.40	2.63	1.05	2.95	1.30
家庭农业劳动力数	1.79	0.65	1.76	0.60	1.78	0.62
种植规模（亩）	5.11	1.66	3.14	2.00	4.28	2.05
种植密度（株/亩）	70.67	11.95	61.22	12.71	66.68	13.12
种植年限（年）	15.51	5.94	17.17	5.69	16.21	5.89
亩均化肥成本（元）	7.04E2*	95.48	10.48E2	1.36E2	8.49E2	1.42E2
亩均有机肥成本（元）	5.15E2	76.25	2.45E2	68.50	4.00E2	88.27
亩均农药成本（元）	6.33E2	44.15	8.22E2	62.53	7.13E2	1.07E2
亩均套袋成本（元）	4.14E2	69.86	5.33E2	1.01E2	4.64E2	1.02E2
亩均灌溉成本（元）	1.94E2	18.54	1.66E2	51.03	1.82E2	38.44
亩均雇工成本（元）	1.24E2	93.71	1.32E2	94.39	1.27E2	93.94
亩均纯收入（元）	4.61E3	3.95E2	3.50E3	2.67E2	4.14E3	6.50E2

注：①女=0，男=1；②小学及以下=1，初中=2，高中/中专=3，大专及以上=4；③风险厌恶=1，风险中性=2，风险偏好=3；④<25%=1，25%~50%=2，50%~75%=3，≥75%=4；⑤<20%=1，20%~40%=2，40%~60%=3，60%~80%=4，≥80%=5。

* E2 代表 10^2，E3 代表 10^3，下同。

3.3 本章小结

本章在扼要介绍山东省农民专业合作社发展状况和苹果产业发展概况的基础上，简单说明了本研究的样本区域选择、数据获取过程、问卷内容设计以及所获数据基本信息。在接下来的第 4~8 章中，本研究将利用收集的农户调查数据考察以下问题：农户参加合作社的行为决策、合作社内部交易合约安排中的生产决策权配置、合作社内部交易合约安排中的价格风险规避、合作社内部交易合约安排中的成本与收益效应以及合约安排对农户生产行为的影响。

4 农户参加合作社的行为决策

4.1 引言

由于市场化进程和技术进步的不断加快，农产品供应链的各个环节之间表现出越来越强的联合性，原先的市场交易模式正被合约交易模式或者垂直一体化模式逐渐取代（Eaton & Shepherd, 2001; Bijman, 2003）。越来越多的合约交易模式和垂直一体化模式将带来农产品供应链的整体效率改进，加速市场革新（Hendrikse, 2003）。农户作为最基本的微观市场主体参加市场竞争，其经营行为有别于农业企业和实行雇佣劳动制的大农场，具有独特的规律和特征。因此，在转型经济背景下，把握和理解农户行为规律特征对于加快农业市场体系制度变革至关重要。

从理论上讲，市场经济条件下的农户具有充分的选择权，既可以直接选择现货市场交易，也可以通过参加合作社进行集体交易（胡定寰等，2006）。合作社的发展应以尊重农户的自主选择权为前提，并以满足农户的利益诉求为宗旨（朱红根等，2008）。通过合作社进行交易能够在维持农户作为农业生产基本组织单元的同时，充分发挥合作社的规模和技术优势进行农副产品的加工和销售，并引领农户进入利基市场（周立群和曹利群，2001）。已有的众多研究表明，合约交易不仅能够使农户借助合作对象获得农产品种养和市场开发所需的信贷、技术、生产要素、信息和其他服务，还有助于降低农产品销售时的市场风险，推动农户调整种植结构，有效增加农户经营收益（Goldsmith，1985；Key & Runsten，1999；Warning & Key，2002；Masakure & Henson，2005；Guo et al.，2005；Minot，2007；郭建宇，2008；孙艳华等，2008；徐健和汪旭晖，2009；Jacobson，2010）。

然而，现实中普遍存在的一个现象是，即使地理位置相近，农户参加合作社的行为决策仍具有较大的差异性。如何就这一现象做出合理的解释，将是本章拟要解决的主要问题。本章首先构建农户参加合作社的行为决策模型，对影响农户参加合作社行为决策的关键因素进行理论分析，然后构建农户参加合作社行为决策的计量经济模型，并利用实地调查数据进行实证分析，最后对本章内容做出小结。

4.2 理论分析与研究假设

4.2.1 理论分析

农户参加合作社的行为决策本质，是其在外部利润的诱导下进行的一项制度创新。当农户意识到独立进入市场交易难以适应市场环境的迅速变化时，就会产生制度创新的需求，从而期望能够参加合作社，获得独立进入市场交易时所不能获得的收益（胡敏华，2007）。从经济学的角度看，农户作为理性的微观市场主体，其参加合作社的行为选择取决于对参加和不参加合作社的预期收益（如交易成本的节约、生产成本和市场风险的降低等）比较。只有当参加的预期收益高于不参加的预期收益时，才会选择参加。应用成本－收益分析法，可以设定农户参加合作社行为决策的数学表达式为：

$$W = \begin{cases} 0, R_p < R_{np} & (1) \\ 1, R_p \geq R_{np} & (2) \end{cases} \quad (4.1)$$

W代表农户是否选择参加合作社,取值为1时表示参加,取值为0时表示不参加;R_p代表参加的预期收益,R_{np}代表不参加的预期收益。只有当$R_p > R_{np}$时,农户才会选择参加合作社。实际上,农户参加和不参加合作社的预期收益受到农户特征、家庭经营特征和外部市场环境等因素的影响。具体可用下列公式表示:

$$R_p = B_1 X + \omega_1, R_{np} = B_2 X + \omega_2 \tag{4.2}$$

表达式(4.2)中的 X 表示影响农户预期收益的相关因素。因此,农户参加合作社的概率可以表示如下:

$$Prob(R_p > R_{np}) = Prob[(\omega_1 - \omega_2) > (B_2 - B_1)X] \tag{4.3}$$

可以看出,要研究影响农户参加合作社行为决策的因素,关键是要弄清影响农户预期收益的因素。根据交易成本理论,交易成本的节约是农户预期收益的一个重要组成部分。因此,通过对影响农户交易成本的因素进行分析,就可以部分解释影响农户参加合作社行为决策的原因。

4.2.2 研究假设

基于上述理论分析和国内外已有的相关研究成果,同时结合苹果产业的具体特点,可将影响农户参加合作社行为决策的因素归纳为户主基本特征、农户经营特征和市场环境特征等方面。其中,户主基本特征包括户主年龄、文化程度和风险态度等,农户经营特征包括种植面积、种植年限、苹果收入比重和苹果质量等,市场环境特征包括市场价格波动、市场价格水平、市场交易损耗和与果品市场距离等。各个变量的研究假设如下:

1. 户主基本特征。户主基本特征包括户主年龄、文化程度和风险态度等。①不同年龄的户主,因存在生理、心理和社会阅历等方面的差异,形成了对合作社的不同观念。一般认为,户主年龄大的农户，生产经营方式相对趋于保守，对参加合作社的积极性较低。②文化程度高的农户学习新技术、接受新的生产方式的能力相对较强，对参加合作社的潜在收益也更清楚，参加合作社的积极性较高。③在市场交易时，农户面临着价格风险和其他交易风险（如收购商的压级、扣重等机会主义行为），若农户对风险持厌恶态度，则参加合作社的积极性较高。

2. 农户经营特征。农户经营特征包括种植面积、种植年限、苹果收入比重和苹果质量等。①与苹果种植规模小的农户相比，苹果种植规模大的农户在生产过程中投入的资金、技术、精力以及承担的市场风险也高，这类农户为了稳定销售渠道和规避市场风险，参加合作社的积极性较高。②基于种植经验的积累和对市场行情的把握，苹果种植年限越长，农户参加合作社的积极性越低。③苹果收入占家庭总收入比重高的农户，某种程度上意味着对苹果生产经营活动存在较强的依赖性，参加合作社的积极性较高。④分散的、弱小的农户参加市场交易的议价能力相对不足，生产的优质苹果难以保证有稳定且较高的成交价格，农户为了减少损失，参加合作社的积极性较高。

3. 市场环境特征。市场环境特征包括市场价格波动、市场价格水平、市场交易损耗和与果品市场距离等。①由于受到有限理性的约束，农户及时获取、加工和处理市场信息的能力相对缺乏，在价格波动较大的市场很容易遭遇收购商的机会主义行为，因而参加合作社的积极性较高。②农户独立进入市场交易时获得的苹果销售价格水平若较低，则参加合作社的积极性较高。③市场交易损耗产生于运输途中挤压造成的果面磨损和收购商过于苛刻的苹果挑拣标准，若此类损耗较大，农户蒙受的利益损失就严重，从而参加合作社的积极性就高。④与果品市场的距离在一定程度上决定了运输过程中的苹果损耗程度，通常情况下，距果品市场越远的农户，参加合作社的积极性越高。

4.3 描述性统计

4.3.1 农户参加合作社的总体情况

在 348 个被调查农户中,有 201 户参加了合作社,占样本总数的 57.76%。从调查数据来看,在已经参加合作社的农户中,参加时间在 4 年以下的有 93 户,占所有被调查农户总数的 26.72%,介于 4~7 年的有 101 户,占所有被调查农户总数的 29.03%,不低于 7 年的农户有 7 户,占所有被调查农户总数的 2.01%。这个结果表明,目前苹果种植户参加合作社的年限并不算长,主要的原因是当地的苹果专业合作社形成和发展的历史较短。表 4-1 为农户参加合作社的总体情况。

表 4-1 农户参加合作社的总体情况

	参加年限 (≤4 年)	参加年限 (4~7 年)	参加年限 (>7 年)	未参加(0 年)
户数(户)	93	101	7	147
比例(%)	26.72	29.03	2.01	42.24

4.3.2 相关性分析

1. 户主年龄与农户参加合作社的行为决策。在被调查农户中,没有参加和已经参加合作社的农户户主年龄平均分别为 47.06 岁和 45.63 岁,独立样本 T 检验得出两组年龄的均值存在显著性差异,并且在 10% 的水平上显著。据此,可以初步推断:户主年龄越大,农户参加合作社的可能性越低。

2. 文化程度与农户参加合作社的行为决策。根据统计结果:文化程度为"小学及以下"、"初中"、"高中/中专"和"大专及以上"的农户分别有 52 户、154 户、86 户和 56 户,其中参加合作社的农户各有 22 户、85 户、57 户和 38 户,分别占比 42.31%、55.19%、66.28% 和 67.86%。据此,可以初步推断:文化程度越高,农户参加合作社的可能性越高。

3. 风险态度与农户参加合作社的行为决策。根据统计结果:风险态度为"风险偏好"、"风险中性"和"风险厌恶"的农户分别有 155 户、144 户和 49 户,其中参加合作社的农户各有 48 户、118 户和 43 户,分别占比 30.97%、81.94% 和 87.76%。据此,可以初步推断:风险厌恶型农户为了规避自然风险和市场风险,参加合作社的可能性相对较高。

4. 种植面积与农户参加合作社的行为决策。在被调查农户中,没有参加和已经参加合作社的农户,两者的苹果种植面积平均各为 3.15 亩和 5.09 亩,独立样本 T 检验得出两组种植面积的均值存在显著性差异,并且在 1% 的水平上显著。据此,可以初步推断:苹果种植面积越大,农户参加合作社的可能性越高。

5. 种植年限与农户参加合作社的行为决策。在被调查农户中,没有参加和已经参加合作社的农户,两者的苹果种植年限平均各为 17.18 年和 15.51 年,独立样本 T 检验得出两组种植年限的均值存在显著性差异,并且在 1% 的水平上显著。据此,可以初步推断:苹果种植年限越长,农户参加合作社的可能性越低。

6. 苹果收入比重与农户参加合作社的行为决策。根据统计结果:苹果种植收入比重为"<20%"、"20%~40%"、"40%~60%"、"60%~80%"和"≥80%"的农户分别有 58 户、79 户、82 户、81 户和 48 户,其中参加合作社的农户各有 36 户、34 户、28 户、64 户和 39 户,分别占比 62.07%、43.04%、34.15%、79.01% 和 81.25%。据此还无法判断苹果收入比重与农户参加合作社行为选

择之间的关系，还需要进一步研究。

7. 苹果质量与农户参加合作社的行为决策。根据统计结果：表示苹果质量为"差"、"一般"、"良好"和"优"的农户分别有 23 户、85 户、73 户和 167 户，其中参加合作社的农户分别有 6 户、21 户、41 户和 134 户，分别占比 26.09%、24.71%、56.16% 和 80.24%。据此，可以初步推断：农户种植的苹果质量越高，其参加合作社的可能性越高。

8. 市场价格波动与农户参加合作社的行为决策。根据统计结果：表示市场价格波动为"没有"、"一般"、"较大"和"很大"的农户分别有 43 户、117 户、153 户和 35 户，其中参加合作社的农户各有 20 户、63 户、91 户和 28 户，分别占比 46.51%、53.85%、59.48% 和 80.00%。据此，可以初步判断：市场价格波动的程度越大，农户参加合作社的可能性越高。

9. 市场价格水平与农户参加合作社的行为决策。根据统计结果：表示市场价格"挺合适""还可以""有点低"的农户分别有 99 户、78 户和 171 户，其中参加合作社的各有 59 户、52 户和 145 户，分别占比 59.60%、66.67% 和 84.80%。据此，可以初步判断：表示市场价格水平越低的农户，参加合作社的可能性越高。

10. 市场交易损耗与农户参加合作社的行为决策。根据统计结果：表示市场交易损耗"较低"、"一般"和"较高"的农户分别有 105 户、128 户和 115 户，其中参加合作社的农户各有 65 户、88 户和 49 户，分别占比 61.90%、68.75% 和 42.61%。据此还无法判断市场交易损耗与农户参加合作社行为选择之间的关系，还需要进一步研究。

11. 与果品市场距离与农户参加合作社的行为决策。在被调查农户中，没有参加和已经参加合作社的农户与果品市场距离平均分别为 0.67 千米和 1.43 千米，独立样本 T 检验得出两组距离的均值存在显著性差异，并且在 1% 的水平上显著。据此，可以初步推断：

距果品市场越远，农户参加合作社的可能性越高。

4.4 模型设定与变量说明

4.4.1 模型设定

由于农户参加合作社的行为决策只存在两种情况，即要么选择参加，要么选择不参加，因此，本研究采用二元选择模型中的线性 Logit 模型对农户是否参加合作社的选择行为进行回归分析。

假定 $x_i(i=1,2,\cdots,n)$ 是影响农户参加合作社行为决策的主要因素，P 表示农户选择参加合作社的概率，则线性 Logit 模型有如下形式：

$$Logit(P) = Ln\left(\frac{P}{1-P}\right) = \beta_0 + \beta_1 x_1 + \beta_2 x_2 + \cdots + \beta_i x_i + \varepsilon_i \quad (4.4)$$

表示式（4.4）中，β_0 是截距项，β_i（$i=1,2,\cdots,n$）是回归系数，ε_i 是误差项。

更为一般的表示式（4.4）可转换为：

$$\frac{P}{1-P} = \exp(\beta_0 + \beta_1 x_1 + \beta_2 x_2 + \cdots + \beta_i x_i) \quad (4.5)$$

整理表示式（4.5），可得到表示式（4.6），即第 m 个农户选择参加合作社的概率为：

$$P_m = \frac{1}{1+\exp(\beta_0 + \beta_1 x_1 + \beta_2 x_2 + \cdots + \beta_n x_n)} \quad (4.6)$$

其中，模型解释变量包括：x_1 为户主年龄、x_2 为文化程度、x_3 为风险态度、x_4 为种植面积、x_5 为种植年限、x_6 为苹果收入比重、x_7 为苹果质量、x_8 为市场价格波动、x_9 为市场价格水平、x_{10} 为市场交易损耗、x_{11} 为与果品市场距离。

4.4.2 变量说明

模型中各个变量的定义、取值范围、平均值及标准差见表4-2。

表4-2 模型变量说明

变量名称	变量定义	平均值	标准差
被解释变量			
行为选择	没有参加=0；参加=1	0.58	0.49
解释变量			
户主年龄	实际年龄（岁）	46.23	7.49
文化程度	小学及以下=1；初中=2；高中/中专=3；大专及以上=4	2.42	0.93
风险态度	风险偏好=1；风险中性=2；风险厌恶=3	1.69	0.70
种植面积	实际苹果种植面积（亩）	4.28	2.05
种植年限	实际苹果种植年限（年）	16.21	5.89
苹果收入比重	<20%=1；20%~40%=2；40%~60%=3；60%~80%=4；≥80%=5	2.95	1.30
苹果质量	差=1；一般=2；良好=3；优=4	3.10	0.99
市场价格波动	很大=1；较大=2；一般=3；没有=4	2.52	0.84
市场价格水平	挺合适=1；还可以=2；有点低=3	2.21	0.86
市场交易损耗	较低=1；一般=2；较高=3	2.03	0.79
与果品市场距离	农户住所与最近的果品市场距离（千米）	1.12	0.83

根据表4-2的统计结果：行为选择的均值为0.58，标准差为0.49。苹果质量的均值为3.10，表明被调查农户生产的苹果质量总体较好。市场价格波动的均值为2.52，表明苹果市场的价格波动频率总体处于"一般"和"比较频繁"之间。市场价格水平的均值为2.21，表明苹果市场的价格水平总体处于"还可以"和"有点低"之间。市场交易损耗的均值为2.03，表明市场交易时的损耗总体处于"一般"和"较高"之间。此外，农户与果品市场距离平均为

1.12 千米。其他变量的基本统计特征在第 3 章中已有介绍，此处不再赘述。

4.5 模型检验结果分析

根据调查的 348 户苹果种植户的相关数据，采用最大似然法对模型进行估计，得到的具体结果见表 4-3。从模型的卡方检验值、-2 倍对数似然值和显著性水平来看，模型的整体效果良好。根据模型估计结果，具体的分析如下：

表 4-3 模型估计结果

	系数	标准误	Wald 值	显著性水平	Exp（B）
户主年龄	-0.007	0.019	0.139	0.709	0.993
文化程度	-0.630	0.224	7.911	0.005	0.532
风险态度	0.058	0.410	0.020	0.887	1.060
种植面积	0.234	0.092	6.461	0.011	1.264
种植年限	-0.032	0.026	1.503	0.220	0.968
苹果收入比重	0.282	0.123	5.295	0.021	1.326
苹果质量	0.585	0.266	4.848	0.028	1.796
市场价格波动	-0.602	0.214	7.944	0.005	0.547
市场价格水平	0.806	0.288	7.828	0.005	2.239
市场交易损耗	-0.059	0.175	0.114	0.735	0.943
与果品市场距离	0.574	0.230	6.210	0.013	1.776
常数项	-1.619	1.359	1.418	0.234	0.198
卡方检验值	148.750				
-2 倍对数似然值	325.267				
显著性水平	0.000				
观察值个数	348				

1. 户主年龄的系数为负，表明在其他条件保持不变的情况下，户主年龄越大，农户参加合作社的可能性越低，与研究假设保持一致，但系数却并不显著，这与石敏俊和金少胜（2004）的研究结论相同。模型结果还显示，户主年龄每增加1岁，农户参加合作社的可能性将较原先下降0.7%。变量系数之所以不显著，可能的原因是：随着户主年龄的增大，由于受到自身能力和条件的限制，接受外界信息和运用相关知识的能力变差，农户在生产和销售过程中的困难逐渐加剧，这可能反而会增强其参加合作社的积极性。

2. 文化程度的系数为负，并且在1%的水平上显著，表明在其他条件保持不变的情况下，文化程度越高，农户参加合作社的可能性就越低，这与张广胜等（2007）的研究结论相一致，但却与研究假设相反。模型结果还显示，文化程度每提高一个层次（比如学历从"初中"提高至"高中/中专"），农户参加合作社的概率将比原来下降46.8%。这可能是因为，文化程度高的农户在农村只占少数，很难与大部分户主学历低的农户就合作问题达成意见一致，加上受到意识及利益冲突的影响，这一小部分户主学历高的农户可能更加偏好独立经营的状态，从而不愿意选择参加合作社。

3. 风险态度的系数为正，并且在1%的水平上显著，表明在其他条件保持不变的情况下，农户对风险的厌恶程度越低或对风险的偏好程度越高，其参加合作社的可能性就越高，这与研究假设保持一致，但系数却并不显著。模型结果还显示，风险态度从"风险厌恶"转变为"风险中性"或从"风险中性"转变为"风险偏好"时，农户参加合作社的概率将比原先增加6.0%。变量系数之所以不显著，可能的原因是：农户选择市场交易时，将承担市场价格波动的风险，而选择参加合作社时，则要面临合约交易的风险；如果合约交易风险超过市场价格风险，那么，即使农户对风险持厌恶态度，其参加合作社的积极性也不会高，这种解释还有待进一步验证。

4. 种植面积的系数为正，并且在5%的水平上显著，表明在其他条件保持不变的情况下，农户的苹果种植面积越大，其参加合作社的可能性越高，这一结论与研究假设保持一致。模型结果还显示，种植面积每增加1亩，农户参加合作社的可能性将比原先增加约0.26倍。这一结果在调查数据的统计分析中也得到了证实：在种植规模不超过3亩的农户中，有24户选择参加合作社，占比21.05%，种植规模为3~6亩的农户，有127户选择参加合作社，占比75.59%，在种植规模超过6亩的农户中，有50户选择参加合作社，占78.13%。

5. 种植年限的系数为负，表明在其他条件保持不变的情况下，农户种植苹果的年限越长，其参加合作社的可能性越低，这一结论与研究假设保持一致。模型结果还显示，种植年限每增加1年，农户参加合作社的概率将比原先降低3.2%；但是，变量系数未达到10%的显著性水平，与郭红东和蒋文华（2004）、朱红根等（2008）的研究结果一致。出现这样的结果，可能的解释是：与种植年限长的农户相比，种植年限短的农户更重视从杂志、电视等媒介获取生产和市场等方面的有效信息，从而使得这两类农户积累的种植经验和把握市场行情的能力并不具有明显的差异。

6. 苹果收入比重的系数为正，并且在5%的水平上显著，表明在其他条件保持不变的情况下，苹果种植收入占农户家庭总收入的比重越大，农户参加合作社的可能性就越高，这一结果与研究假设保持一致。模型结果还显示，苹果收入比重每提高一个层次（比如从"20%~40%"提高至"40%~60%"），农户参加合作社的概率将比原先增加32.6%。在实地调查中也了解到，苹果种植收入比重较大的农户，通常种植苹果的规模也较大，此类农户在与合作社交易时，比较容易受到青睐，其苹果交易价格相对会高一些，因而合作社较易吸引苹果收入比重较大的农户参加。值得说明的是，合作社之所以愿意向这类农户提出较高的苹果交易价格，主要是基于对货源采购的交易成本的考虑，也就是说，如果合作社与农户单次交易的苹果数量较多，最终会带来单位重量苹果交易成本节约的收益。

7. 苹果质量的系数均为正，并且在5%的水平上显著，表明在其他条件保持不变的情况下，农户种植的苹果质量越高，其参加合作社的可能性就越高，这与研究假设保持一致。模型结果还显示，苹果质量每提高一个层次（比如从"一般"提高至"良好"），农户参加合作社的概率将比原先提高79.6%。一般情况下，随着苹果质量的提高，其生产成本也会相应增加。实地调查发现，苹果质量为"良好"和"优"的农户，绝大多数都表示在市场交易时经常会遭遇收购商故意压低苹果质量等级以榨取质量租金的机会主义行为。因此，为了规避这类经济损失，他们较为倾向于通过参加合作社来增强市场谈判力量，进而获得更有利的交易条件。

8. 市场价格波动的系数为负，并且在1%的水平上显著，表明在其他条件保持不变的情况下，市场价格波动程度越低，农户参加合作社的可能性就越低，这与卢向虎等（2008）的研究结论相同，验证了前文提出的研究假设。模型结果还显示，市场价格波动每降低一个层次（比如从"较大"降至"一般"），农户参加合作社的概率将只有原先的54.7%。在实地调查中了解到，当市场价格波动较小时，农户凭个人之力很容易及时掌握最新的市场信息，此时，市场信息的搜寻成本也低，这就在一定程度上抑制了农户选择参加合作社的积极性。

9. 市场价格水平的系数为正，并且在1%的水平上显著，表明在其他条件保持不变的情况下，市场价格水平越低，农户参加合作社的可能性就越高，这与朱红根等（2008）的研究结论相同，验证了前文提出的研究假设。模型结果还显示，市场价格水平每降低一个层次（比如从"还可以"到"有点低"），农户参加合作社的可能性将比原先提高约 1.24 倍。在实地调查中发现，尽管该年苹果产地销售价格较往年有所提高，但与终端消费市场价格相比，两者之间的差距仍非常大。加上近年来肥料、农药等苹果生产投入要素的价格也呈现出大幅度上涨的趋势，接近半数的农户表示，目前苹果产地市场价格偏低。而在已经参加合作社的农户中，绝大多数都表示在参加合作社后可以获得超过市场价格水平的交易价格。

10. 市场交易损耗的系数为负，表明在其他条件保持不变的情况下，市场交易的损耗越大，农户参加合作社的可能性越高，这与研究假设相一致。模型结果还显示，市场交易损耗每提高一个层次（比如从"一般"到"较高"），农户参加合作社的概率将比原先下降 5.7%。变量系数之所以不显著，可能的解释是：农户选择市场交易时，损耗主要来源于运输过程中挤压和碰撞造成的果面缺陷率上升，参加合作社后，尽管在一定程度上能够避免市场交易损耗，但由于合作社对苹果质量的要求相对较高，原本可以搭配销售的残次果只能在市场上以低价处理，因而降低了某些农户参加合作社的积极性。

11. 与果品市场距离的系数为正，并且在 1% 的水平上显著，表明在其他条件保持不变的情况下，农户距果品市场越远，其参加合作社的可能性就越高，验证了前文提出的研究假设。模型结果还显示，与果品市场距离每增加 1 公里，农户参加合作社的概率将比原先增加 77.6%。在实地调查中了解到，农户运输苹果的工具主要为三轮摩托车。距离果品市场越远，完成交易的运输成本（汽油费用、时间机会成本等）也就越高。因此，距离果品市场越远的农户选择参加合作社的积极性就越高。距离果品市场较近的农户选择参加合作社的可能性较低，原因有二：一是这类农户能够坐等上门收购服务，无须为销售苹果支付运输成本；二是这类农户参加合作社后的运输成本可能不降反升。关于后者的解释是，为了避免与果品市场的批发商争夺货源，合作社往往将收购地址设在离果品市场较远的地方，这就使得那些离果品市场较近的农户离合作社却较远，因而他们选择参加合作社的积极性不高。

4.6　本章小结

通过上述实证分析，本章得到的结论如下：苹果种植户参加合作社的行为决策主要受到农户文化程度、种植面积、与果品市场距离、苹果收入比重、苹果质量、市场价格波动和市场价格水平等因素的影响；当农户文化程度越高或市场价格越稳定时，农户参加合作社的可能性就越低；而当农户对市场风险越偏好、种植面积越大、苹果质量越高、市场价格水平越低或距果品市场越远时，农户参加合作社的可能性则会越高。

5 合作社内部交易合约安排：生产决策权配置

5.1 引言

20世纪80年代，随着中国农业产业化经营的发展，分散的小规模农户越来越难以适应瞬息万变的农产品市场，而作为一种最为有效的制度创新，合作社的出现极大地增强了农户应对现代市场要求的各种产品标准和交易特征的能力（黄祖辉和梁巧，2007）。根据以往的研究可以判断，就农民专业合作社内部交易合约安排而言，按照农户与合作社交易的垂直协作关系强度的差异划分，大致可以包括销售合约、生产合约和垂直一体化等类型（Mighell & Jones, 1963; MacDonald et al., 2004）。不同的合约安排将带来生产决策权配置状况的差异。例如，在销售合约下，生产决策权全部为社员控制，在垂直一体化下，生产决策权全部为合作社控制，而在生产合约下，生产决策权的配置则较为复杂，需依具体情况而定。

合作社外部环境的变化直接影响其经营战略或治理结构的选择。由于消费者越来越注重产品的差异化及安全性，并且愿意为之支付更高价格（周应恒和彭晓佳，2006；尹世久等，2008；吴林海等，2010），为了获取潜在的市场收益，合作社控制农业生产过程中重要决策权的激励越来越强（周洁红和刘清宇，2010）。现代企业理论（Jensen & Meckling, 1976; Drake & Mitchell, 1977）认为，参加决策是权力再分配的重要过程,生产决策权的配置关系到合作组织的经营绩效。然而,在当前中国农村土地制度的环境下,合作社能否实现对生产重要决策权的控制取决于其与农户之间订立的合约安排是否能够促使农户主动让渡这些决策权。此外,不同合作社即使面临相同的外部市场环境,在确定与农户之间的合约安排时仍有可能存在较大的差异性。因此,本研究所要考察的问题是:在转型经济的背景下,合作社内部交易合约安排将给生产决策权的配置状况带来怎样的变化?这一变化主要受到哪些因素的影响?

纵观已有文献,目前还尚未发现有学者就上述问题进行经验性的考察,学者们更多是基于委托-代理理论或不完全合约理论在非农产业背景下实证分析资产决策权的合约配置问题,并且取得了丰硕的成果(Lerner & Merges, 1997；Arruñada et al., 2001；Windsperger, 2002、2009；Elfenbein & Lerner, 2003；Mumdziev & Windsperger, 2011；刘学和马宏建, 2004)。其中, Arruñada et al. (2001) 认为资产决策权的配置与合约双方的机会主义诱惑有关,有效的安排是将资产决策权配置给机会主义诱惑较小的一方；Windsperger (2009) 则认为合约双方的知识专用性是决定资产决策权配置的关键因素,即谁的知识专用性较强,谁就应获得资产的决策权。值得说明的是,与本章内容较为接近的文献包括 Hu & Hendrikse (2009) 和 Jia et al. (2010) 的研究,前者从企业的视角案例考察了合约农业的发展对生产决策权配置的影响,后者则从合作社的视角实证分析了合作社与农户之间交易的治理结构选择问题。

与以往的研究相比,本书具有两个特点:一是从农户的视角考察生产决策权的配置问题,消除了同一合作社执行多种交易合约安排对分析结果造成的干扰。二是同时考虑了农户和合作社两个层面的因素对生产决策权配置的可能影响,增强了研究结果的解释能力。

5.2 理论分析与研究假设

5.2.1 理论分析

作为一项制度安排，合约是否具有有效性取决于它是否能够有效地协调组织成员的经营行为，它包括激励和控制两类截然不同的措施（Hendrikse，2007）。所谓激励，就是委托方通过设计适当的外部奖酬形式和工作环境，以一定的行为规范和惩罚性措施，借助信息沟通来激发和引导交易代理方的行为，旨在有效地实现交易双方的目标。激励性措施需要满足代理方的行为具备可观察性或绩效具备可测度性的前提才具有有效性，也就是说，若代理方的行为很难被委托方所观察或其绩效很难被委托方所测度，则激励性措施将不再有效。在这种情况下，委托方就需要诉诸控制性措施，即通过交易合约对生产决策权进行配置来实现对代理方行为或绩效的控制。对生产决策权配置问题的分析存在三大理论视角，即交易成本理论、不完全合约理论和代理理论。在交易成本理论框架下，当委托方拥有较多的专用性资产时，为了降低专用性资产准租金被稀释的风险，委托方往往倾向于采取紧密型垂直协作关系来防范代理方的机会主义行为，也即控制重要的生产决策权；而当委托方拥有的专用性资产较少时，为了减少与获取生产决策权有关的成本，其控制代理方生产决策权的动机就会较低。在不完全合约理论框架下，当与代理方相比，委托方拥有的无形资产（例如专业知识、品牌等）对合作剩余的创造更为重要时，最优合约要求委托方掌握生产过程中的剩余控制权；而当代理方拥有的无形资产对合作剩余的创造更为重要时，最优合约则要求代理方掌握生产过程中的剩余控制权。在代理理论框架下，信息或知识在委托方与代理方之间的分布会影响生产决策权的配置。具体来讲，由具有信息或知识优势的一方控制生产决策权，既有助于提升生产决策效率，也有助于双方创造出更多的合作剩余。需要注意的是，要使生产决策权顺利从代理方向委托方转移，不能仅从委托方的角度考虑。换言之，委托方能否顺利控制原本由代理方所控制的生产决策权，还需要考虑代理方在委托方提供的合约框架下是否愿意放弃生产决策权。假设代理方为风险厌恶，与委托方签订交易合约就可能规避风险。交易合约签订后，代理方所得的净收益包括期望收益变化和风险溢价两个部分。其中，期望收益变化是指签订与不签订交易合约两种情形下的收益差额，主要与交易价格有关；风险溢价是指代理方因所面临风险的降低而产生的收益，主要体现在交易稳定性增强和价格波动性降低等方面。但是，拥有生产决策权本身也能够为代理方带来收益，包括货币性收益和非货币性收益两类（Key，2005）。在委托方对代理方的行为或绩效缺乏充足信息的情况下，若生产决策权由代理方控制，委托方为了获取这类信息以保障产品质量，就不得不向代理方支付相应的信息租金，也就是代理方拥有生产决策权的货币性收益。所谓非货币性收益，主要包括决策的自由、不受委托方的操纵以及不存在对委托方决策失误的顾虑等。基于成本-收益法则，代理方只有在放弃生产决策权时的净收益（期望收益变化和风险溢价之和）超过保留生产决策权时的净收益（货币性和非货币性两部分收益之和）的情况下，它才会放弃生产决策权。

5.2.2 研究假设

根据上述理论框架，本书认为，可以将影响生产决策权配置的因素归纳为委托方和代理方两个层面。结合已有研究成果及农民专业合作社的发展实践，本书认为，合作社层面影响生产决策权配置的因素可能包括专用性投资、是否聘请农技员、销售渠道和领办主体身份等，农户层面影响生产决策权配置的因素可能包括户主年龄、

文化程度、种植年限、参加合作社年限和合约定价制度等。具体研究假设如下:

1. 合作社层面对生产决策权配置的影响因素。(1) 专用性投资。资产专用性是指在不牺牲生产价值的条件下,某项资产可被重新用于其他用途或被其他市场主体加以利用的程度 (Williamson, 1985)。在实践中,合作社的专用性投资主要由核心成员(例如龙头企业、贩销大户等)共同做出。合作社的专用性投资在稳定与农户间交易关系的同时,也面临着其准租金被农户稀释的风险,原因是在外部市场的诱惑下,农户可能将生产的优质产品以更高的成交价格销售给合作社以外的市场主体,而将生产的普通质量的产品销售给合作社。为了约束农户这种机会主义行为,专用性投资数量多的合作社就会倾向于直接控制有关货源质量的生产决策权,从而一方面保证农户生产出优质货源,另一方面又可以对农户机会主义行为进行监督。

(2) 是否聘请农技员。拥有决策权的主体与拥有与决策有关知识的主体,两者身份的合一是保证决策效率的必要条件 (Hayek, 1945)。Jensen and Meckling (1992) 曾将知识划分为通用知识 (general knowledge) 和专门知识 (special knowledge) 两类,其中专门知识通常是指难以编码、不可能传播或难以传播的知识,其信息传递成本较高。专门知识本质上属于一种无形资产,不完全合约理论认为应将重要决策权配置给拥有专门知识的一方,唯有如此才能保证决策效率 (Windsperger, 2002)。在实践中,作为合作社核心成员的龙头企业或贩销大户虽然熟谙市场营销之道,却缺乏与货源质量有关的专门知识。若聘请农技员,则可以弥补合作社核心成员在这类知识上的先天不足,从而避免在控制生产决策权的情况下做出错误决策而造成无谓损失。

(3) 销售渠道。市场战略定位不仅关系组织的经营绩效,而且会直接影响有关货源质量的生产决策权在供应链上主体之间的配置（Raynaud et al., 2009）。在实践中，合作社的销售渠道可能是龙头企业，也可能是生鲜超市或批发市场。不同的销售渠道对产品的质量要求往往不同。通常情况下，龙头企业和生鲜超市对产品质量要求较高，而批发市场对产品质量要求相对较低。农产品质量之所以存在差异，主要是受农产品生产环境和农户生产方式的影响（Carriquiry & Babcock, 2004）。为了满足下游市场主体对产品质量的要求，以龙头企业或生鲜超市为销售渠道的合作社就可能存在控制影响货源质量的生产决策权的动机。

（4）领办主体身份。从发展实践来看，合作社领办主体的身份主要包括四类，即龙头企业、贩销大户、政府组织和生产大户。就领办合作社的初衷而言，龙头企业主要是为了稳定购销关系和获得经营收益，贩销大户主要是为了获得经营收益，政府组织主要是为了提供服务和获得政绩，而生产大户主要是为了扩大规模和提高产销能力（黄胜忠，2008）。领办主体的身份不同，在某种程度上就决定了合作社经营目标的差异。政府组织和生产大户领办的合作社可能更侧重于提升服务的范围和质量，而龙头企业和贩销大户领办的合作社则可能更为注重盈利能力（黄祖辉和梁巧，2009）。通常情况下，产品的质量越高，合作社的盈利能力就越强。因此，与其他主体领办的合作社相比，龙头企业和贩销大户领办的合作社控制生产决策权的动机可能较强。

2. 农户层面对生产决策权配置的影响因素。（1）户主年龄。一般情况下，与户主年龄低的农户相比，户主年龄高的农户对风险的厌恶程度更高。直接进入市场交易时，农户需要应对市场风险，其中，价格风险是主要组成部分；与合作社签订合约交易时，农户需要应对合约风险，原因是合作社在收购环节可能采取机会主义行为，例如拒绝收购、压级扣重等。在北美地区，肉鸡养殖户一旦签订生产合约（养殖户的绝大多数生产决策权都发生了转移），肉鸡从合约生效时起就变为企业所有，此后因决策失误造成的任何损失都将由企业独自承担，肉鸡养殖户面临的合约风险为零（Goodhue, 1999; Vukina & Leegomonchai, 2006）。但在国内，与合作社签订合约交易并不意味着农户的产品所有权已转移，而仅仅表明合作社将参加农户生产过程中的某些重要决策；然而，一旦出现决策失误，所造成的损失很可能要由农户独自承担，农户面临的合约风险大于零。此时，户主年龄对生产决策权配置的影响就取决于农户对市场风险和合约风险认知程度的比较：如果市场风险大于合约风险，则农户愿意放弃生产决策权，而如果市场风险小于合约风险，则农户就倾向于保留生产决策权。

（2）文化程度。与文化程度低的农户相比，文化程度高的农户具有两点特征：一是其人力资本积累水平较高，获取和理解与生产决策有关的专门知识（例如果树整形修枝、病虫防治等知识）的能力较强；二是其判别生产决策是否科学、合理的能力较强，发生决策失误的概率较低。鉴于农户从外界获取某些专门知识的能力有助于其做出正确的生产决策，不仅生产决策权向合作社转移的必要性大大降低，而且农户放弃生产决策权的意愿也会下降。

（3）种植年限。种植年限往往与种植经验联系在一起。换言之，与种植年限较短的农户相比，种植年限较长的农户具有种植经验上的优势。并且，这些经验往往与农业生产环境的异质性紧密联系在一起（Cakir et al., 2009），可以为合作社的优质货源供应提供技术保障。根据代理理论，此时最优合约应是将生产决策权交由种植经验丰富的农户来控制。此外，种植年限越长的农户对独立决策的偏好程度可能也越高，这也可能会导致其放弃生产决策权的意愿较低。

（4）参加合作社年限。参加合作社年限越长，农户与合作社之间就越有可能建立起相互信任的机制。信任机制是维护长期合约关系的一个重要因素，交易双方的信任机制可以解决很多问题，例如权力失衡、信息冲突和高交易成本与低收益等，特别是对涉及较强资产专用性和较高不确定性的交易，信任机制的作用就更为突出（Martino，2007）。一方面，当合作社要求控制生产决策权时，与加入合作社年限较短的农户相比，加入合作社年限较长的农户更可能相信合作社代为决策能够创造更多的合作剩余，从而给其带来更高的交易收益，因而更愿意放弃生产决策权。另一方面，农户参加合作社的年限越长，也可能表明其被合作社信任的程度越高，此时，合作社相信农户不会实施机会主义行为来危害双方建立起的合作关系，从而有可能降低对生产决策权的控制程度。

（5）合约定价制度。合约定价制度是影响农户收益最为直接和最为重要的指标（Curtis & McCluskey，2003）。在实践中，合作社向农户提供的合约定价制度主要包括"随行就市价"和"市场价 + 附加价"两种类型。很显然，"市场价 + 附加价"不仅有助于合作社稳定货源数量和改善货源质量，还能够使农户面临的市场风险发生部分转移。当然，"市场价 + 附加价"主要针对的是优质产品，而优质产品的生产往往要求合作社控制生产过程中的某些重要决策权。因此，当农户加入的合作社向其提供的合约定价制度为"市场价 + 附加价"时，生产决策权发生转移的可能性较高。

5.3 描述性统计分析

5.3.1 农业生产决策权配置的总体情况

参考 Hu & Hendrikse（2009）和 Windsperger（2009）等研究的处理方法，本书将苹果生产决策权分解为肥料采购、农药采购、套袋采购、肥料施用、农药施用、果园灌溉、栽植密度、套袋时间、摘袋时间、修枝整形、花果管理和采收时间等多个方面。但是，值得说明的是，本书所列出的苹果生产决策权并不旨在涵盖苹果生产过程的所有方面，只希望可以包含可能会影响到苹果生产质量的一些重要决策权。实地调查发现，在参加合作社的201户农户中，有半数以上表示肥料采购、农药采购和采收时间是由合作社控制；此外，表示套袋采购、肥料施用、农药施用、花果管理和栽植密度等决策权向合作社转移的农户也较多。苹果生产决策权的具体配置状况见表5-1。

表5-1 生产决策权的合约配置状况

决策权维度	农户	合作社	决策权维度	农户	合作社
肥料采购	84	117	摘袋时间	180	21
农药采购	75	126	果园灌溉	191	10
套袋采购	150	51	栽植密度	156	45
肥料施用	151	50	修枝整形	164	37
农药施用	142	59	花果管理	152	49
套袋时间	186	15	采收时间	64	137

注：表格中的数字表示在201个样本农户中，每项决策权分别由合作社或农户控制的样本数量。

根据统计结果，农户参加合作社后的生产决策权的转移数量介于1至7个之间，其中数量为4的最多，有48户，占参加合作社的农户数量的23.88%。从表5-2可以看出，随着生产决策权转移数量的增加，农户所占比例大致呈现正态分布。考虑到样本数量的限制，本书在测度生产决策权向合作社转移的程度时，并没有直接利用决策权转移的数量来表征，而是对其进行了分类，即将生产决策权向合作社发生转移的数量为1和2的农户归为一组，表示生产决策权转移程度为"低"；数量为3和4的农户归为一组，表示决策权转移程度为"中等"；其余农户归为一组，表示决策权转移程度为"高"。

表 5-2 生产决策权发生转移的数量分布情况

决策权转移数量	1	2	3	4	5	6	7
户数（户）	25	27	40	48	32	17	12
比例（%）	12.44	13.43	19.90	23.88	15.92	8.46	5.97

5.3.2 相关性分析

1. 专用性投资与生产决策权配置。根据表 5-3 的统计结果，在表示合作社专用性投资数量为"少量"、"一般"、"较多"和"大量"的农户中，各自的生产决策权向合作社转移程度分别以"低"、"中等"、"中等"和"高"为主。据此，可以初步判断：合作社专用性投资数量越大，生产决策权向其转移的程度越高。

表 5-3 专用性投资与生产决策权配置

	低		中等		高	
	户数（户）	比例（%）	户数（户）	比例（%）	户数（户）	比例（%）
少量	43	91.49	0	0	4	8.51
一般	5	9.62	47	90.38	0	0
较多	1	1.39	41	56.94	30	41.67
大量	3	10.00	0	0	27	90.00

2. 是否聘请农技员与生产决策权配置。根据表 5-4 的统计结果，在表示合作社聘任农技员和没有聘任农技员的农户中，各自的生产决策权向合作社转移程度分别以"中等"和"高"为主。据此，可以初步判断：合作社聘请农技员对生产决策权的转移程度具有正向影响。

表 5-4　是否聘请农技员与生产决策权配置

	低		中等		高	
	户数（户）	比例（%）	户数（户）	比例（%）	户数（户）	比例（%）
没有	51	32.09	88	55.34	20	12.57
有	1	2.38	0	0	41	97.62

3. 销售渠道与生产决策权配置。根据表 5-5 的统计结果，在表示合作社产品销售渠道为"农业企业或水果超市"和"果品批发市场"的农户中，各自的农业生产决策权向合作社转移程度分别以"高"和"低"为主。据此，可以初步判断：合作社销售渠道为"农业企业或水果超市"对生产决策权的转移程度具有正向影响。

表 5-5　销售渠道与生产决策权配置

	低		中等		高	
	户数（户）	比例（%）	户数（户）	比例（%）	户数（户）	比例（%）
农业企业或水果超市	1	0.93	51	46.78	57	52.29
果品批发市场	51	55.43	37	40.22	4	4.35

4. 领办主体身份与生产决策权配置。根据表 5-6 的统计结果，在表示合作社领办主体身份为"政府组织或生产大户"和"农业企业或贩销大户"的农户中，各自的生产决策权向合作社转移程度分别以"低"和"高"为主。据此，可以初步判断：领办主体身份为"农业企业或贩销大户"的合作社对生产决策权的控制程度具有正向影响。

表 5-6　领办主体身份与生产决策权配置

	低		中等		高	
	户数（户）	比例（%）	户数（户）	比例（%）	户数（户）	比例（%）
政府组织或生产大户	48	48.48	46	46.46	5	5.06
农业企业或贩销大户	4	3.92	42	41.18	56	54.90

5. 户主年龄与生产决策权配置。根据统计结果，生产决策权转移程度为"低"、"中等"和"高"的农户户主平均年龄分别为 45.92 岁、44.60 岁和 46.67 岁，独立样本 T 检验发现，各组年龄的均值之间均不存在显著性差异。因此，户主年龄与生产决策权转移程度的关系暂不确定。

6. 文化程度与生产决策权配置。根据表 5-7 的统计结果：在文化程度为"小学及以下"、"初中"、"高中/中专"和"大专及以上"的农户中，各自的生产决策权转移程度分别以"高"、"中等"、"中等"和"高"为主。因此，文化程度与生产决策权转移程度的关系暂不确定。

表 5-7 文化程度与生产决策权配置

	低		中等		高	
	户数（户）	比例（%）	户数（户）	比例（%）	户数（户）	比例（%）
小学及以下	8	36.36	1	4.55	13	59.09
初中	33	38.82	42	49.41	10	11.77
高中/中专	8	14.03	45	78.96	4	7.01
大专及以上	3	8.11	0	0	34	91.89

7. 种植年限与生产决策权配置。根据统计结果，生产决策权转移程度为"低"、"中等"和"高"的农户从事苹果种植的平均年限分别为 16.83 年、17.18 年和 11.97 年，独立样本 T 检验发现，前两组农户的种植年限均值不存在显著性差异，但与第三组农户的种植年限均值存在差异性，并都在 1% 的水平上显著。据此，可以初步判断：种植年限与生产决策权向合作社转移程度之间可能存在负向关系。

8. 参加合作社年限与生产决策权配置。根据统计结果，生产决策权转移程度为"低"、"中等"和"高"的农户，参加合作社的平均年限分别为4.07年、3.02年和2.47年,独立样本T检验发现,三组农户参加合作社年限的均值存在差异性,并且两两之间均在1%的水平上显著。据此,可以初步判断:农户参加合作社年限与生产决策权向合作社转移程度之间呈负向关系。

10. 合约定价制度与生产决策权配置。根据表5-8的统计结果,在表示合作社提供的合约定价制度为"随行就市价"和"市场价+附加价"的农户中,各自的生产决策权转移程度分别以"中等"和"高"为主。据此,可以初步判断:当合作社提供的合约定价制度为"市场价+附加价"时,生产决策权的转移程度会相对较高。

表5-8 合约定价制度与生产决策权配置

	低		中等		高	
	户数(户)	比例(%)	户数(户)	比例(%)	户数(户)	比例(%)
随行就市价	44	37.60	61	52.14	12	10.26
市场价+附加价	8	9.53	27	32.14	49	58.33

5.4 模型设定与变量说明

5.4.1 模型设定

本书模型被解释变量为生产决策权向合作社转移的程度,分为"低"、"中等"和"高"三个等级。考虑到被解释变量属于多分有序变量,且自变量以离散型数据为主,故有序Probit模型是理想的估计方法。

由于实际观测到的y为离散变量,故不能直接采用线性估计模型。假定存在一个依赖于解释变量X的理论连续指标y^*。y^*为不可观测变量,它是y的映射,并且符合普通最小二乘法的条件。因此,可以记:

$$y^* = \beta'X + \varepsilon_i, i = 1, 2, \cdots, n \qquad (5.1)$$

表达式（5.1）中，β'代表参数向量，$\varepsilon_i \sim N(0, \sigma^2 I)$，即观测样本相互独立且具有正态误差。

进一步假定存在分界点μ_1和μ_2，分别表示苹果生产决策权向合作社转移程度的未知分割点，且存在$\mu_1 < \mu_2$，即：

$$y_i = \begin{cases} 3; 如果, y_i^* > \mu_2 \\ 2; 如果, \mu_1 < y_i^* \leq \mu_2 \\ 1; 如果, y_i^* \leq \mu_1 \end{cases} \quad (5.2)$$

$y = 1, 2, 3$的概率分别为：

$$\begin{aligned} Prob.(y=1|X) &= \Phi(\mu_1 - \beta'X) \\ Prob.(y=2|X) &= \Phi(\mu_2 - \beta'X) - \Phi(\mu_1 - \beta'X) \\ Prob.(y=3|X) &= 1 - \Phi(\mu_2 - \beta'X) \end{aligned} \quad (5.3)$$

Φ为标准正态分布的累积密度函数。与一般Probit模型一样，有序Probit模型的参数估计采用极大似然估计法（maximum likelihood method）。但是，解释变量X对概率的边际影响并不等于系数β'，其中$Prob.(y=1)$的导数明显与系数β'有相反的符号，而$Prob.(y=3)$的导数与系数β'的符号一致，而中间取值概率的变动与系数β'之间的关系不能确定。

5.4.2 变量说明

各个变量的定义、取值范围、平均值及标准差见表5-9。

表5-9 模型变量说明

变量名称	变量定义	平均值	标准差
被解释变量			
生产决策权转移程度	低=1；中等=2；高=3	2.05	0.75

续表

变量名称	变量定义	平均值	标准差
解释变量			
专用性投资	少量=1；一般=2；较多=3；大量=4	2.42	1.01
是否聘请农技员	没有=0；有=1	0.21	0.41
销售渠道	果品批发市场=0；农业企业或水果超市=1	0.54	0.50
领办主体身份	政府组织或生产大户=0；农业企业或贩销大户=1	0.51	0.50
户主年龄	实际年龄（岁）	45.57	7.50
文化程度	小学及以下=1；初中=2；高中/中专=3；大专及以上=4	2.54	0.92
种植年限	实际种植的年限（年）	15.51	5.95
参加合作社年限	实际加入合作社的已有年限（年）	3.13	1.60
合约定价制度	随行就市价=0；市场价+附加价=1	0.42	0.49

根据表5-9的统计结果：生产决策权转移程度的均值为2.05，标准差为0.75。专用性投资的均值为2.42，表明合作社的专用性投资数量总体介于"一般"和"较多"之间。是否聘请农技员的均值为0.21，标准差为0.41，表明聘请农技员的合作社比例相对较低。销售渠道的均值为0.54，表明选择"果品批发市场"和"农业企业或水果超市"的合作社比例约各占一半。领办主体身份的均值为0.51，表明领办主体为"政府组织或生产大户"和"农业企业或贩销大户"的合作社比例约各占一半。参加合作社年限的均值为3.13，表明农户参加合作社的时间总体来看并不长，这可能与合作社的创办时间不长有关。合约定价制度的均值为0.42，表明大多数合作社向农户提供"市场价+附加价"的产品交易价格。其他变量的基本统计特征在第3章中已有介绍，此处就不再赘述。

5.5 模型检验结果分析

根据调查的 201 户已经参加合作社的苹果种植户相关数据,采用有序 Probit 模型进行估计后的具体结果见表 5-10。从模型的卡方检验值和 -2 倍对数似然值来看,模型的整体拟合效果较好,达到了 1% 的显著性水平。根据模型估计结果,具体的分析如下:

表 5-10 模型估计结果

	系数	标准误	Wald 值	显著性水平
专用性投资	1.475	0.299	24.306	0.000
是否聘请农技员	3.754	0.810	21.476	0.000
销售渠道	1.695	0.528	10.294	0.001
领办主体身份	0.916	0.310	8.731	0.003
户主年龄	0.004	0.016	0.062	0.803
文化程度	0.337	0.200	2.844	0.092
种植年限	-0.029	0.022	1.698	0.193
参加合作社年限	0.276	0.114	5.864	0.015
合约定价制度	0.553	0.285	3.769	0.052
卡方检验值	297.077			
-2 倍对数似然值	132.535			
显著性水平	0.000			
观察值个数	201			

1. 合作社专用性投资对生产决策权配置具有显著影响。Williamson(1991)曾将资产专用性划分为六类:场地专用性、人力资本专用性、物质资产专用性、完全为特定合约服务的资产、品牌商标资产的专用性和瞬时专用性。调查发现,样本农户所参加的合作社,其专用性资产主要体现在物理资产上,特别是"三库"(冷库、保

鲜库、气调库）设施的建设。不同合作社建设的"三库"的库容往往也不尽相同，库容越大，所需的投资也越多。"三库"建设的目的一是储存产品，二是延长产品质量存续期。考虑到充足的优质货源更利于缩短投资回收期，合作社普遍存在货源质量得不到保障的担忧。如果合作社不能保证优质货源，其盈利能力将出现下降，这不仅将延长专用性资产投资回收的期限，而且也导致一定程度的专用性资产准租金损失。因此，专用性投资量越大的合作社控制关乎货源质量的生产决策权的激励就会较强。

2. 合作社是否聘请农技员对生产决策权配置有显著影响。与所在合作社没有聘请农技员的农户相比，所在合作社聘请了农技员的农户，其生产决策权更有可能向合作社转移。这一结果在对调查数据的统计分析中也得到了证实：表示所在合作社聘请了农技员和没有聘请农技员的两组农户，其生产决策权转移程度分别以"中等"和"高"为主。调查还发现，合作社聘请农技员的酬金并非采取固定工资的形式，而是给予了一定数量的合作社股权，使其可以参加到合作社年终盈利分配中去。之所以采取这种报酬支付形式，主要是为了充分激发农技员的工作热情：一方面努力帮助农户提高产品质量，另一方面暗地监督农户是否存在隐瞒优质货源以销售给其他市场主体的机会主义行为。因此，农户在参加聘请了农技员的合作社后，其生产决策权的转移程度就会相对较高。

3. 合作社销售渠道为农业企业或水果超市对生产决策权配置有显著影响。笔者在调查中发现，当地不少从事苹果经销的龙头企业（例如德丰食品有限公司、蛇窝泊果蔬有限公司等）已经将销售市场拓展至东南亚、欧洲及美洲各国，它们对货源质量的要求极为严格；同样，省内外的许多大型生鲜超市从合作社采购产品也对产品质量规格做了明确规定，若产品质量无法达到标准，合作关系将提前中止。在这种情况下，下游市场主体对货源质量的要求就会传递到上游市场主体，合作社对货源质量的要求随之提高，从而从中获取较高的质量溢价。此时，合作社控制生产决策权的激励增强，从而影响生产决策权在其与农户之间的配置。

4. 合作社领办主体身份对生产决策权配置有显著影响。与所在合作社的领办主体为政府组织或生产大户的农户相比，所在合作社的领办主体为龙头企业或贩销大户的农户，其生产决策权的转移程度相对较高。对样本数据的统计结果也证实了这一点，表示所在合作社领办主体的身份分别为政府组织或生产大户与龙头企业或贩销大户的两组农户，其生产决策权的转移程度分别以"低"和"高"为主。调查发现，近年来，为了增强合作社参加市场竞争的能力，进而为农户带来更多收益，政府主导型和农户自发组织型的合作社对货源质量的要求也日渐提高，所带来的结果是，它们对有关货源质量的生产决策权也逐渐加强了控制。

5. 户主年龄对生产决策权配置影响不显著。尽管加入合作社能够在一定程度上降低苹果销售的市场风险，但与此同时，加入合作社也带来了新的合约风险。例如，农户遵从合作社的要求从事艺术苹果生产，若在收获季节下游市场需求出现大幅萎缩，合作社就有可能违约拒收艺术苹果，从而给农户带来利益损失。此时，尽管户主年龄大的农户对风险更加厌恶，但加入合作社并没有使其面临的风险（市场风险和合约风险）明显降低，从而使户主年龄对生产决策权配置影响不显著，证实了前文的研究预期。

6. 文化程度对生产决策权配置有显著影响且方向为正，与前文的研究预期相悖。通常情况下，文化程度高的农户从事苹果生产的积极性可能较低，因为他们更愿意将时间和精力花费到非农产业以赚取更多收入。以往研究业已证实，与文化程度低的农户相比，文化程度高的农户，其成员进城务工的概率相对较高。文化程度高的农户在加入合作社后，面临两种选择：一是放弃外出打工机会，将时间和精力用在优质产品的生产上，从而获取质量溢价；二是继续外出打工，同时委托合作社负责生产决策，并支付相应的委托成本。显然，若外出打工的净收益超过不外出打工的净收益，农户就会选择放弃生产决策权。当然，这一揣测还有待进一步的调查和验证。

7. 种植年限对生产决策权配置影响不显著。尽管在理论上，种植年限较长的农户具备丰富的种植经验，这会在一定程度上削弱生产决策权向合作社转移的必要性，但在实践中，这种效应可能会受到其他因素的干扰。具体来讲，农户生产苹果的质量除了受生产方式的影响外，还会受到不可控的自然因素的影响。种植年限越长的农户可能越清楚这一点，深知种植经验再丰富，也无法保证所生产苹果的质量就肯定能达到合作社制定的标准。考虑到自然因素对苹果质量的影响很难准确判定，加上农户从事苹果生产的具体行为难以为合作社所观察，信息分布就具有不对称性，此时一旦苹果质量达不到要求，合作社就有可能认定是农户生产方式不当引起的。这样，为了避开这种因信息不对称引起的合约风险，种植年限长的农户就更愿意放弃生产决策权。上述两种效应交织在一起，可能导致种植年限对生产决策权配置影响不显著。

8. 参加合作社年限对生产决策权配置具有显著的正向影响。在其他条件保持不变的情况下，农户参加合作社的年限越久，生产决策权的转移程度就会越高。这一结果在对调查数据的统计分析中也得到了证实：生产决策权转移程度为"低"、"中等"和"高"的三组农户，参加合作社的平均年限分别为4.07年、3.02年和2.47年。实地调查发现，那些参加合作社时间较长的农户，通常从合作社获得的各项优惠和服务也较多，例如低价获得肥料和农药、高价销售苹果等，因而他们将生产决策权让渡给合作社的激励较强。

9. 合约定价制度对生产决策权配置具有显著影响。与所加入合作社的合约定价制度为"随行就市价"的农户相比，所加入合作社的合约定价制度为"市场价+附加价"的农户，其生产决策权的转移程度相对较高。"市场价+附加价"不仅意味着农户将获得高于市场价的成交价，更为重要的是，它还表明农户所面临的市场风险降低，这将带来额外的风险溢价。并且，农户对市场风险的厌恶程度越高，该风险溢价的水平也会越高。但是，值得说明的是，此时农户获得的实际收益并不意味着必然增加，其原因在于生产决策权转移给合作社后，单位面积苹果产量如何变化还无法确定。但是，受有限理性的局限，农户很少会意识到这一点。因此，当合作社提供的合约定价制度为"市场价+附加价"时，农户会更愿意放弃生产决策权。

5.6　本章小结

生产决策权的配置从分散转向集中是合作社控制产品质量的一项重要制度安排。调查发现，农户加入合作社后，生产决策权不同程度地转移给了合作社，其中，与产品质量密切相关的生产决策权的转移更加普遍。进一步研究表明，生产决策权配置受合作社和农户两个层面因素的影响，包括合作社专用性投资、是否聘请农技员、销售渠道、参加领办主体身份，以及农户文化程度、参加合作社年限和合约定价制度等。具体而言，当农户所加入合作社的专用性投资多、聘请农技员、销售渠道为农业企业或水果超市、领办主体为龙头企业或贩销大户时，生产决策权的转移程度就会相对较高；当户主文化程度高、参加合作社年限长、所参加合作社提供的合约定价制度为"市场价+附加价"时，生产决策权的转移程度也会相对较高；而户主年龄、种植年限等因素对生产决策权配置的影响不具有统计上的显著性。

6 合作社内部交易合约安排：价格风险规避

6.1 引言

由于受到气候、技术和市场等多种因素的共同影响，农业历来被视为典型的风险型产业。近年来，作为农业生产的微观经营主体，农户面临的经营风险日趋加剧，并且呈现出多样化和复杂化的特征。所谓风险，是指外部不确定性因素导致的生产经营者蒙受损失或获得报酬的可能性（何坪华，2007）。农户经营风险包括两类：农业生产的自然风险和产品交易的价格风险；其中，价格风险是指产品市场价格波动所引致的不确定性，目前已成为农户经营的主要风险（刘晶等，2004）。研究表明，如果缺乏有效的价格风险规避措施，农户将倾向于选择低收益和低风险的经营活动，从而导致风险性农产品的市场供给不足，甚至会造成整个农业经营体系陷入严重的低效率困境（Pannell & Nordblom，1998；马小勇，2006）。

作为一种通过联合行动追求集体利益目标的组织，农民专业合作社存在的主要目的是通过提高农户的组织化程度来增进其议价能力，应对不对称的市场力量（马彦丽，2007）。在社员异质性条件下，合作社的创办和发展主要依靠少数核心成员的集资，造成合作社的名义所有权和实际所有权分离，即名义上合作社由全体社员集体所有，但实际上由少数核心成员控制（黄胜忠，2008）。因此，农户参加合作社除了身份上的隶属关系以外，更多的是形成一种稳定的合同交易关系。对此，实践中普遍存在的双方签订合同交易的现象便是最有说服力的证据。经济理论认为，效率合同应使风险承受能力强的一方多承担风险，风险承受能力弱的一方少承担风险。显然，与单个农户相比，合作社无论是在资源禀赋还是在风险承受能力等方面均具有优势。然而，在现实中，农户参加合作社后，其价格风险能否在一定程度上规避，主要是与合作社提供的合约定价制度有关。本章将对农户参加合作社后的合约定价制度及其影响因素进行深入考察，以期为理解合作社内部交易的合约定价制度设计提供理论依据和实证参考。

6.2 理论分析与研究假设

6.2.1 理论分析

理论上，价格风险在农户与合作社之间存在三种配置模式：农户承担型、合作社承担型和共同分担型（杨明洪，2009）。如果交易合约规定价格风险由农户承担，那么为了激励农户参加合作社的积极性，合作社通常会为农户提供产前、产中和产后服务，给予农户其他形式的利益补偿。在合约定价制度上，合约价格与市场价格保持一致，双方不存在获得风险溢价和支付风险租金的可能。如果交易合约规定价格风险由合作社承担，那么在市场价低于保护价时，合作社将按保护价交易，而在市场价高于保护价时，合作社则按市场价交易。考虑到农户对风险往往持规避态度，不愿承受过高的经营风险，保护价增加了最低的预期收益的稳定性。事实上，保护价的高低也决定了合作社所承受的风险损失和农户所获得的风险收益数量。如果交易合约规定价格风险由双方共同分担，那么就会存在两种类型的合约价格条款。一是固定合约价格，即合作社按照事先约定的固定价格与农户交易，对市场价格不再予以考虑。当市场价格高于固定价格时，农户失去高价交易机会，承担损失；当市场价格低于固定价格时，合作社失去成本降低的机会，实际承担经济损失。二是"市场价+附加价"，为了降低农户风险损失，交易合约规定交易价在市场价格的基础上进行适度上浮，从而能够实现价格风险的共同分担（Dileep et al., 2002）。

虽然合作社内部交易合约对价格风险的分配做了事先说明，但是，这并不意味着实际交易时的价格风险分配，这主要是因为：农户参加合作社后，做出了关系专用性的资产投资，合作社在利益驱动和条件允许的情况下，具有实施机会主义的倾向。只要合约价格不低于市场价，农户做出的理性决策仍是继续与合作社交易。因此，合作社将选择市场价与农户进行交易，交易合约的初始价格风险分配失效，农户承担全部的价格风险。当合约规定固定价格时，交易双方的风险收益和损失与价格波动及履约率有关，履约率会因价格波动加大了风险收益和损失的标准差而降低（何坪华，2007）。当合约规定保护价收购时，就会存在以下问题：一是保护价的高低如何确定，过高会导致合作社的风险负担加重，过低又会造成农户缺乏保护和激励效果；二是保护价的推行必须要有配套的风险化解机制。考虑到上述问题的存在，在实践中，固定合约价和保护价都相对少见。事实上，合作社内部交易合约定价制度主要为"随行就市价"或"市场价+附加价"。根据上述分析，前者的价格风险全部由农户承担，后者的价格风险由双方共同分担，农户可以规避部分价格风险（Tripathi et al., 2005）。

6.2.2 研究假设

基于理论分析和国内外已有的研究成果，同时结合苹果产业的具体特点，可以将影响农户参加合作社的价格风险配置，即合约定价制度的影响因素归纳为农户特征和合作社特征两个方面。其中，农户特征包括种植规模、销售难度、与果品市场距离、苹果质量、参加合作社时间和是否有熟人担任合作社职务等，合作社特征包括领办主体身份、货款结算方式、是否提供二次返利和是否提供技术服务等。具体研究假设如下：

1. 农户层面的因素对合约定价制度有影响。（1）种植规模。通常，种植规模大的农户在与合作社交易时具有相对高的谈判地位。对合作社而言，与其交易的农户种植规模越大，单位数量苹果的交易成本就会越低。当价格风险租金的分担低于交易成本的节约时，合作社提供"市场价＋附加价"式合约定价制度的激励增强。（2）销售难度。当农户通过果品市场销售苹果存在较大困难（例如运输路程较远或运输难度较大等）时，只要合作社提出的合同价不低于市场价，农户就仍存在与合作社进行交易的积极性，其目的是规避苹果滞销造成的损失风险。此时，合作社存在降低提供"市场价＋附加价"式合约定价制度的诱惑。（3）与果品市场距离。农户距果品交易市场越远，等量苹果销售的运输成本和交易损耗就会越高，导致高昂的市场交易成本，而与合作社进行交易时，农户则有可能获得上门收购的服务，减少苹果销售过程中的运输成本和流通损失。此时，合作社存在降低提供"市场价＋附加价"式合约定价制度的诱惑。（4）苹果质量。苹果质量越高，其增值能力越强。合作社为了与下游市场主体建立长期合作关系，提升品牌知名度并获取政府专项扶持资金，更倾向于吸纳苹果质量高的农户参加，并且也愿意分担部分价格风险。（5）参加合作社时间。农户参加合作社时间越久，在某种程度上意味着其与合作社之间的关系越为密切。而且，为了维系与老社员的合同交易关系，避免其退社对新社员参加积极性带来的负面影响，合作社提供"市场价＋附加价"式合约定价制度的激励较强。（6）有无熟人担任合作社职务。社会资本不但可以加强交易双方的信任关系，而且也是弥补交易双方履约机制不足的重要保障。若农户家庭有成员、亲戚或朋友等担任合作社职务，则较为容易享受合作社的特别优待，此时合作社提供"市场价+附加价"式合约定价制度的激励较强。

2. 合作社层面的因素对合约定价制度安排有影响。（1）领办主体身份。在实践中，合作社领办主体主要为农业企业、贩销大户、政府组织和生产大户，农业企业和贩销大户领办合作社的初衷主要是为了保证货源供应和降低货源采购成本，而政府组织和生产大户领办合作社的目的则更多是为农户创造更多收益。合作社领办主体身份不同，合约定价制度可能也会不同。本书假设：若农户参加的合作社为政府组织或生产大户领办，则合作社提供"市场价+附加价"式合约定价制度的激励较强。（2）货款结算方式。农户与合作社交易的货款结算方式大致分为现金结算和延期支付两种。与延期支付相比，尽管现金结算可以降低农户货款损失风险，但却增加了合作社的资金周转压力，不利于经营规模扩张和增值业务开展，更为严重的是，它还将限制合作社分担农户价格风险的能力，此时，合作社存在降低提供"市场价+附加价"式合约定价制度的诱惑。（3）是否提供二次返利。在实践中，部分合作社为了鼓励社员加大参加程度，在年末会将部分盈利按照特定分配方式返还给社员。由于二次返利和分担价格风险都可以增加农户经济利益，因而两者之间可能存在某种程度的替代性。（4）是否提供技术服务。若合作社向社员提供技术服务，则社员的苹果产量损失风险降低，其参加合作社的激励增强，此时，即使合作社不分担价格风险，理性的社员为了继续从合作社获得技术指导，仍存在参加合作社的积极性。本书假设：若合作社向社员提供技术服务，合作社存在降低提供"市场价+附加价"式合约定价制度的诱惑。

6.3 描述性统计分析

6.3.1 合约定价制度总体情况

在参加合作社的 201 个样本农户中，表示合作社最初提供的合约定价制度为"市场价+附加价"和"随行就市价"的各有 185 户和 16 户，分别占样本总数的 92.04% 和 7.96%；其中，实行"市场价+附加价"的农户中，"附加价"的范围处于"<0.2 元/千克"、"0.2~0.4 元/千克"、"0.4~0.6 元/千克"和"≥0.6 元/千克"的农户各有 28 户、45 户、74 户和 38 户，分别占比 15.14%、24.32%、40.00% 和 20.54%。然而，合作社最初提供的合约定价制度并不等于最终执行的合约定价制度。为此，调查员仔细向农户询问了其与合作社交易时实际执行的合约定价制度，在原 185 户农户中，执行"市场价+附加价"的仅有 84 户，占 45.41%；在这 84 户农户中，"附加价"的范围处于"<0.2 元/千克"、"0.2~0.4 元/千克"、"0.4~0.6 元/千克"和"≥0.6 元/千克"的农户各有 31 户、22 户、23 户和 8 户，分别占比 36.90%、26.19%、27.38% 和 9.53%。合约定价制度总体情况具体见表 6-1。

表 6-1 合约定价制度总体情况

	初始安排		最终安排	
	户数（户）	比例（%）	户数（户）	比例（%）
随行就市价	16	7.96	117	58.20
市场价+附加价	185	92.04	84	41.80
其中，附加价：				
<0.2 元/千克	28	15.14	31	36.90
0.2~0.4 元/千克	45	24.32	22	26.19

续表

	初始安排		最终安排	
	户数（户）	比例（%）	户数（户）	比例（%）
0.4~0.6元/千克	74	40.00	23	27.38
≥0.6元/千克	38	20.54	8	9.53

6.3.2 相关性分析

1. 种植规模与合约定价制度。根据统计结果，在参加合作社的农户中，合约定价制度为"随行就市价"和"市场价+附加价"的农户各自苹果种植规模平均为3.15亩和5.10亩，独立样本T检验得出两组种植规模的均值存在显著性差异，并且在1%的水平上显著。据此，可以初步推断：农户苹果种植规模越大，合作社提供"市场价+附加价"式合约定价制度的可能性越高。

2. 销售难度与合约定价制度。根据统计结果，在参加合作社的农户中，表示苹果销售"没有难度"、"难度有但不大"和"难度较大"的农户分别有63户、60户和78户，其中所执行的合约定价制度为"市场价+附加价"的各有46户、25户和13户，分别占各自的73.02%、41.67%和16.67%。据此，可以初步推断：销售难度越大，合作社提供"市场价+附加价"式合约定价制度的可能性越低。

3. 与果品市场距离与合约定价制度。根据统计结果，在参加合作社的农户中，所执行的合约定价制度为"随行就市价"和"市场价+附加价"的农户各自与果品市场距离平均为1.57千米和1.24千米，独立样本T检验得出两组距离的均值存在显著性差异，并且在1%的水平上显著。据此，可以初步推断：距果品市场越远，合作社提供"市场价+附加价"式合约定价制度的可能性越低。

4. 苹果质量与合约定价制度。根据统计结果，在参加合作社的农户中,表示生产的苹果质量为"差"、"一般"、"良好"和"优"的农户各有11户、31户、48户和111户,其中所执行的合约定价制度为"市场价+附加价"的各有3户、8户、16户和57户,分别占各自的27.27%、25.81%、33.33%和51.35%。据此,可以初步推断:苹果质量越高,合作社提供"市场价+附加价"式合约定价制度的可能性越高。

5. 参加合作社时间与合约定价制度。根据统计结果,在参加合作社的农户中,参加时间最短为1年,最长为7年,参加时间为1年、2年、3年、4年、5年、6年和7年的农户各有31户、62户、22户、41户、33户、5户和7户,其中所执行的合约定价制度为"市场价+附加价"的各有7户、12户、2户、30户、25户、4户和4户,分别占各自的22.58%、19.35%、9.09%、73.17%、75.76%、80.00%和57.14%。据此,还无法推断农户参加合作社时间与合约定价制度之间的关系,还有待进一步的研究。

6. 有无熟人担任合作社职务与合约定价制度。根据统计结果,在参加合作社的农户中,表示有熟人和无熟人担任合作社职务的农户分别有41户和160户,其中所执行的合约定价制度为"市场价+附加价"的分别有37户和47户,分别占各自的90.24%和29.38%。据此,可以初步推断:当有熟人担任合作社职务时,合作社提供"市场价+附加价"式合约定价制度的可能性较高。

7. 领办主体身份与合约定价制度。根据统计结果,表示所参加合作社为农业企业或贩销大户领办的农户有102户,其中所执行的合约定价制度为"市场价+附加价"的有34户,占比33.33%;表示所参加合作社为政府组织或生产大户领办的农户有99户,其中所执行的合约定价制度为"市场价+附加价"的有50户,占比50.51%。据此,可以初步推断:当合作社领办主体身份为农业企业或贩销大户时,提供"市场价+附加价"式合约定价制度的可能性较低。

8. 货款结算方式与合约定价制度。根据统计结果，表示所参加合作社的货款结算方式为现金支付和延期支付的农户分别有65户和136户，其中所执行的合约定价制度为"市场价+附加价"的各有20户和64户，分别占比30.77%和47.06%。据此，可以初步推断：当合作社货款结算方式为延期支付时，提供"市场价+附加价"式合约定价制度的可能性较高。

9. 是否提供二次返利与合约定价制度。根据统计结果，表示所参加合作社有和没有二次返利的农户分别有97户和104户，其中所执行的合约定价制度为"市场价+附加价"的各有21户和76户，分别占比21.65%和73.08%。据此，可以初步推断：当合作社向农户提供二次返利时，提供"市场价+附加价"式合约定价制度的可能性较低。

10. 是否提供技术服务与合约定价制度。根据统计结果，表示所参加合作社不提供和提供技术服务的农户分别有114户和87户，其中所执行的合约定价制度为"市场价+附加价"的各有71户和13户，分别占比62.28%和14.94%。据此，可以初步推断：当合作社向农户提供技术服务时，提供"市场价+附加价"式合约定价制度的可能性较低。

6.4 模型设定与变量说明

6.4.1 模型设定

根据实际调研的情况来看，合约定价制度要么为"随行就市价"，要么为"市场价+附加价"，因此，本书采用二元选择模型中的线性Logit模型对影响合作社内部交易合约定价制度的因素进行回归分析。

假定$x_i(i=1, 2, \cdots, n)$是影响合作社内部交易合约定价制度的主要因素，P表示合约定价制度为"市场价+附加价"的概率，则线性 Logit 模型有如下形式：

$$Logit(P) = Ln\left(\frac{P}{1-P}\right) = \beta_0 + \beta_1 x_1 + \beta_2 x_2 + \cdots + \beta_i x_i + \varepsilon_i \quad (6.1)$$

表示式（6.1）中，β_0 是截距项，β_i（$i=1$，2，…，n）是回归系数，ε_i 是误差项。

更为一般的表示式（6.1）可转换为：

$$\frac{P}{1-P} = \exp(\beta_0 + \beta_1 x_1 + \beta_2 x_2 + \cdots + \beta_i x_i) \quad (6.2)$$

整理表示式（6.2），可得到表示式（6.3），即第 m 个农户与合作社交易合约定价制度为"市场价+附加价"的概率为：

$$P_m = \frac{1}{1 + \exp(\beta_0 + \beta_1 x_1 + \beta_2 x_2 + \cdots + \beta_n x_n)} \quad (6.3)$$

其中，模型解释变量包括：x_1 为种植规模、x_2 为销售难度、x_3 为与果品市场距离、x_4 为苹果质量、x_5 为参加合作社时间、x_6 为有无熟人担任合作社职务、x_7 为领办主体身份、x_8 为货款结算方式、x_9 为是否提供二次返利、x_{10} 为是否提供技术服务。

6.4.2 变量说明

各个变量的定义、取值范围、平均值及标准差见表 6-2。

表 6-2 模型变量说明

变量名称	变量定义	平均值	标准差
被解释变量			
合约定价制度	随行就市价=0；市场价+附加价=1	0.42	0.49
解释变量			
种植规模	实际苹果种植面积（亩）	3.97	2.11
销售难度	没有=1；有但不大=2；较大=3	1.93	0.84

续表

变量名称	变量定义	平均值	标准差
与果品市场距离	农户住所与最近的果品市场距离（千米）	1.43	0.85
苹果质量	差=1；一般=2；良好=3；优=4	3.29	0.92
参加合作社时间	实际年限	3.13	1.60
有无熟人担任合作社职务	没有熟人=0；有熟人=1	0.20	0.40
领办主体身份	政府组织或生产大户=0；农业企业或贩销大户=1	0.51	0.50
货款结算方式	现金支付=0；延期支付=1	0.68	0.47
是否提供二次返利	没有=0；有=1	0.48	0.50
是否提供技术服务	没有=0；有=1	0.43	0.50

根据表 6-2 的统计结果：苹果销售难度的均值为 1.93，标准差为 0.84，表明农户通过果品市场销售苹果存在难度，但难度不大。有无熟人担任合作社职务的均值为 0.20，标准差为 0.40，表明绝大多数农户没有熟人在合作社担任职务。货款结算方式的均值为 0.68，标准差为 0.47。是否提供二次返利的均值为 0.48，标准差为 0.50。是否提供技术服务的均值为 0.43，标准差为 0.50。其他变量的基本统计特征在前述章节中已有介绍，此处不再赘述。

6.5 模型检验结果分析

根据调查的 201 户已经参加合作社的苹果种植户相关数据，采用二元 Logit 模型进行估计后的具体结果见表 6-3。从模型的卡方检验值和 -2 倍对数似然值来看，模型的整体拟合效果较好，达到了 1% 的显著性水平。根据模型估计结果，具体的分析如下：

表 6-3 模型估计结果

	系数	标准误	Wald 值	显著性水平	Exp（B）
种植规模	0.502	0.240	4.396	0.036	1.653
销售难度	-0.409	0.572	0.510	0.475	0.665
与果品市场距离	-0.698	0.297	5.528	0.019	0.497
苹果质量	1.015	0.296	11.787	0.001	2.758
参加合作社时间	0.211	0.164	1.648	0.199	1.235
有无熟人担任合作社职务	1.993	0.821	5.891	0.015	7.335
领办主体身份	-1.109	0.453	6.003	0.014	0.330
货款结算方式	0.270	0.466	0.335	0.563	1.310
是否提供二次返利	-1.081	0.463	5.462	0.019	0.339
是否提供技术服务	-1.439	0.469	9.405	0.002	0.237
截距项	-3.327	1.495	4.952	0.026	0.036
卡方检验值	127.006				
-2 倍对数似然值	141.196				
显著性水平	0.000				
观测值个数	201				

1. 种植规模的系数为正，并且在 5% 的水平上显著，表明在其他条件保持不变的情况下，农户苹果种植规模越大，合作社提供"市场价+附加价"式合约定价制度的可能性就越高，验证了前文提出的研究假设。模型结果还显示，农户苹果种植规模每增加 1 亩，合作社提供"市场价+附加价"式合约定价制度的概率将比原先提高 64.0%。从调查中发现，那些苹果种植规模较大的农户参加合作社的目的主要是稳定销售渠道，而获取高于市场价的合同价只是其参加的次要因素。但即便如此，合作社仍倾向于向此类农户提供"市场价+附加价"式合约定价制度，其背后隐含的逻辑可能是基于节约交易成本的考量。

2. 销售难度的系数为负，表明在其他条件保持不变的情况下，农户通过果品交易市场销售苹果存在的困难越大，合作社提供"市场价+附加价"式合约定价制度的可能性越低，这与研究假设保持一致。模型结果还显示，农户销售苹果的难度每提升一个等级（比如从"没有"到"有但不大"），合作社提供"市场价+附加价"式合约定价制度的概率将比原先降低32.3%。变量系数之所以不显著，可能的解释是：苹果销售难度主要体现在两个方面，一是如何将生产的苹果运至果品交易市场，二是如何与收购商进行讨价还价。如果农户参加合作社后仍要面对此类困难，那么合作社提供"市场价+附加价"式合约定价制度的可能性就可能不降反升。实地调查也证实，鉴于合作社规定了严格的苹果质量标准，并非所有参加合作社的农户都认为其苹果销售难度得到了有效降低。

3. 与果品市场距离的系数为负，并且在5%的水平上显著，表明在其他条件保持不变的情况下，农户距果品市场越远，合作社提供"市场价+附加价"式合约定价制度的可能性就越低，验证了前文的研究假设。模型结果还显示，农户与果品市场距离每增加1千米，合作社提供"市场价+附加价"式合约定价制度的概率将比原先降低50.3%。笔者在实地调查中发现，距果品市场较远的农户往往距合作社相对较近，表明这类农户与合作社交易可以极大地降低显性交易成本（如运输成本）和其他隐性交易成本（如时间成本等）。因此，即使合作社不与其共担价格风险，也不至于明显削弱这类农户参加合作社的经济激励。

4. 苹果质量的系数为正，并且在1%的水平上显著，表明在其他条件保持不变的情况下，农户生产的苹果质量越高，合作社提供"市场价+附加价"式合约定价制度的可能性就越高，这与研究假设保持一致。模型结果还显示，农户生产的苹果质量每提升一个层次（比如从"一般"到"良好"），合作社提供"市场价+附加价"式合约定价制度的概率将比原先提高约 1.78 倍。从调查中了解到，质量好的苹果普遍受到合作社和其他收购商的青睐，这主要是因为质量好的苹果与市场均价相差 0.2～0.6 元/千克，能够带来更多的收益。因此，为了防止农户实施机会主义行为将优质苹果销售给其他收购商，以及考虑到农户普遍存在的短视问题，合作社提供的交易合约越有可能与农户共担价格风险，即倾向于向农户提供"市场价+附加价"式合约定价制度进行交易。

5. 参加合作社时间的系数为正，表明在其他条件保持不变的情况下，农户参加合作社的时间越长，合作社提供"市场价+附加价"式合约定价制度的可能性越高，这与研究假设保持一致。模型结果还显示，农户参加合作社的时间每增加 1 年，合作社提供"市场价+附加价"式合约定价制度的概率将比原来增加 23.4%。变量系数之所以不显著，可能的解释是：参加合作社时间较长的农户，与苹果生产有关的专用性投资可能较多，对合作社的依赖性增强，这为合作社采取"随行就市价"式合约定价制度创造了条件。笔者在实地调研中进一步证实了这一猜测，与参加合作社年限较短的农户相比，参加合作社年限较久的农户做出的苹果生产专用性投资确实相对较多，如灌溉水井投资、密植园改造等。

6. 有无熟人担任合作社职务的系数为正，并且在 1% 的水平上显著，表明在其他条件保持不变的情况下，如果农户有熟人在合作社担任职务（比如理事会成员或监事会成员等），合作社提供"市场价+附加价"式合约定价制度的可能性就越高，验证了前文提出的研究假设。模型结果还显示，与没有熟人担任合作社职务的农户相比，合作社提供"市场价+附加价"式合约定价制度的概率要高出约 6.45 倍。从调查中获悉，如果农户与合作社中某成员的关系较为熟悉，苹果交易环节就有可能获得更多的价格优惠，并且这一举措也很难被其他成员察觉，具体实施时具有一定的隐蔽性。

7. 领办主体身份的系数为负，并且在5%的水平上显著，表明在其他条件保持不变的情况下，如果农户所参加的合作社为农业企业或贩销大户领办，那么提供"市场价+附加价"式合约定价制度的可能性就会相对较低，验证了前文提出的研究假设。模型结果还显示，与政府组织或生产大户领办的合作社相比，如果农户所参加的合作社为农业企业或贩销大户领办，那么提供"市场价+附加价"式合约定价制度的概率要降低67.2%。笔者在实地调查中还发现，领办主体为农业企业或贩销大户的合作社，不仅合作社提供"市场价+附加价"式合约定价制度的激励下降，而且合作社向农户提供技术服务和二次返利的概率也不高，其可能的解释是：农业企业或贩销大户领办的合作社更为关心核心成员的利益，而这又与普通成员的利益诉求存在较大的冲突。

8. 货款结算方式的系数为正，表明在其他条件保持不变的情况下，如果合作社的货款结算方式为延期支付，那么提供"市场价+附加价"式合约定价制度的可能性就会相对较高，这与研究假设保持一致。模型结果还显示，与货款结算方式为现金支付的合作社相比，货款结算方式为延期支付的合作社提供"市场价+附加价"式合约定价制度的概率要高出32.1%。变量系数之所以不显著，可能的解释是：合作社赊欠农户货款的延期支付期限一般不会超过半个月，较为容易被农户接受；兼之绝大多数合作社理事会或监事会成员都为附近居民，农户对其信任程度相对较高，不必担心货款存在被骗的风险。

9. 是否提供二次返利的系数为负，并且在5%的水平上显著，表明在其他条件保持不变的情况下，如果合作社向农户提供二次返利，那么合作社提供"市场价+附加价"式合约定价制度的可能性就会相对较低，验证了前文提出的研究假设。模型结果还显示，与不提供二次返利的合作社相比，提供二次返利的合作社提供"市场价+附加价"式合约定价制度的概率要低66.5%。笔者在实地调查中发现，获得合作社二次返利的绝大多数农户都表示盈余分配方式几乎不会参照各个农户的惠顾量（额），更多的则是采取平均分配制度，即不论惠顾量（额）多寡，不同农户均获得等量数额的返利。尽管这种分配方式有失公允，但它却有助于节约合作社提供二次返利的实施成本，并且还能够加强农户继续惠顾合作社的经济激励。

10. 是否提供技术服务的系数为负，并且在1%的水平上显著，表明在其他条件保持不变的情况下，如果合作社向农户提供技术服务，那么提供"市场价+附加价"式合约定价制度的可能性就相对较低，验证了前文提出的研究假设。模型结果还显示，与不提供技术服务的合作社相比，提供技术服务的合作社提供"市场价+附加价"式合约定价制度的概率要低77.0%。在调查中发现，农户参加合作社获得的技术服务主要为果园丰产技术、测土配方施肥技术和病虫害综合防治技术等，这些技术服务能够降低农户从事苹果生产的产量风险，因而受到农户的普遍欢迎。因此，当合作社向农户提供技术服务时，合作社提供"市场价+附加价"式合约定价制度的激励较小。

6.6 本章小结

通过上述分析，本章得到的结论如下：在参加合作社的农户中，绝大多数农户表示合约最初规定的产品定价制度能够规避价格风险，但实际上，只有45.4%的农户表示所参加的合作社在最终交易时提供"市场价+附加价"式合约定价制度，其余农户均表示合作社提供"随行就市价"式合约定价制度。分析结果表明：

农户与合作社进行交易的合约定价制度或价格风险能否降低主要受到种植规模、与果品市场距离、苹果质量、有无熟人担任合作社职务、领办主体身份、是否提供二次返利和是否提供技术服务等因素的影响。

7 合作社内部交易合约安排：成本与收益效应

7.1 引言

农户为了追求自身利益最大化而参加合作社，只有通过高效运作与合理分配，充分满足农户的利益最大化需求，才能得到农户的高度认同与配合，形成强大的凝聚力与向心力，增强竞争优势（曾明星和杨宗锦，2010）。以往研究认为，农业产业化经营作为一种组织和制度创新，其生成和存在是通过组织边界的扩张将市场交易转为组织内部交易，进而节约交易成本（钱忠好，2000）。农民专业合作社的形成与发展，不仅有助于降低农户市场交易成本，更重要的是，它还能把供应链各个环节所形成的经济剩余保留在农业内部，从而增强农业自身积累和发展的潜力（黄祖辉和梁巧，2009）。

农户参加合作社有助于获得农产品生产和市场开发所需要的信贷、技术、生产原材料和信息等服务，并且可以降低农产品销售风险。王彦（2005）基于博弈模型分析认为，作为理性的微观市场主体，农户为了实现自身利益的最大化，在其他条件都相同的情况下，往往更倾向于选择合作社作为签约的对象。杨惠芳（2005）认为，合作社将组织内部分工和流通环节所获得的盈余按照交易量（额）返还给农户，能够促进后者生产收益的稳定增加。孙艳华等（2007）利用江苏省养鸡行业农户调查数据，实证考察合作社的增收绩效，结果显示，合作社对农户的生产收益具有较为显著的正向效应，主要原因在于合作社的盈余返还。此外，郭红东和黄祖辉（2001）、战明华等（2004）和黄祖辉与梁巧（2007）等通过对具体案例的考察发现，农户参加合作社能够带来生产收益的显著增加。

纵观现有的研究成果，绝大多数是从理论和案例角度研究农民专业合作社对农户市场交易成本和生产收益的影响，并取得了丰硕的成果。根据新古典经济学理论，理性农户参加合作社的根本目的是获得比市场交易时更高的生产收益，换言之，农户参加合作社后的生产收益将得到一定程度的增加。然而，在现实中农户的理性有限，很容易出现感知错误或信息匮乏的现象，因而可能会导致与理论预期相反的结果。而且，若农户参加合作社后进行大量的专用性投资，被合作社套牢，那么就有理由推断可能会出现农户的生产收益低于市场交易的情形（Minot，2011）。因此，本书认为仍有一些问题值得进一步深入探讨。第一，农户参加合作社对农户市场交易成本的影响并不确定，有可能降低，也有可能增加或保持不变，这取决于双方之间的具体合约安排。第二，现有研究在测算农户纯收益时没有考虑农户经营的交易成本和合作社盈余的返还，这有可能会使研究结果产生偏误。为此，本章以实地调查数据为基础，定量分析农民专业合作社内部交易合约安排的交易成本与农户收入效应。

7.2 模型设定与变量说明

7.2.1 模型设定

交易成本理论认为，在有限理性和机会主义行为假设下，资产专用性、不确定性和交易频率是决定交易成本的关键因素（Williamson，1985）。对于交易成本的构成，理论界一般按交易时序划分，包括发现交易对象和销售价格的费用、讨价还价的费用、订立交易合约的费用、执行交易的费用、监督违约并对其制裁的费用和维护交易秩序的费用等。在实际研究中，研究者通常将交易主体的特征、交易客体的特征和交易环境的特征作为影响交易成本的主要因素（郭红东，2005）。基于已有的研究成果，本书建立了多元线性回归模型，考察了农户特征、家庭经营特征及其所处的市场环境特征等因素对农户交易成本的影响，选择的具体变量包括：户主年龄（x_1）、户主性别（x_2）、文化程度（x_3）、是否为村干部（x_4）、种植规模（x_5）、是否参加合作社（x_6）、价格波动程度（x_7）、市场信息可获性（x_8）、与果品市场距离（x_9）和是否受政府扶持（x_{10}）。具体函数形式如下：

$$y_1 = \beta_0 + \beta_1 x_1 + \beta_2 x_2 + \beta_3 x_3 + \beta_4 x_4 + \beta_5 x_5 + \beta_6 x_6 \\ + \beta_7 x_7 + \beta_8 x_8 + \beta_9 x_9 + \beta_{10} x_{10} + \mu \tag{7.1}$$

交易成本的测度是本章的基础和难点。农户市场交易成本是其运用市场机制在组织生产、供应和销售过程中所发生的策划、执行和监督市场交易的费用（何坪华和杨名远，1999）。为简化分析，本章所考虑的农户市场交易成本包括：①肥料和农药等生产要素购买环节的信息费、运输费和时间成本，②苹果销售环节的信息费、运输费和时间成本。根据《山东统计年鉴（2010）》，2009年山东省农业从业人员平均劳动报酬为17673元，折合日平均报酬约48元（由于现实中农民从事农业生产时不考虑节假日，所以这里按照全年365天都劳动的情况计算，这种算法可能存在不足之处，但暂时找不到更好的处理方法），由此可将时间成本货币化。在实地调研时，调研人员仔细向农户询问了2009年农业生产要素购买环节和苹果销售环节的运输费（主要指汽油费和运输租赁服务费）、时间消耗和信息费（主要指电话通信费），并以此为基础，计算出农户市场交易成本。值得说明的是，某些农户购买的农业生产要素并非专用于苹果种植，为准确测算出农户从事苹果种植的市场交易成本，本书利用农户所购农业生产要素专用于苹果种植的比例进行了折算。

从理论上讲，影响农户纯收益的因素主要包括户主特征、农户家庭特征和农户所在地区的经济发展水平等几类（郭建宇，2008）。就苹果种植农户而言，基于已有的研究成果（胡定寰等，2006），本书建立起多元线性回归模型，考虑了农户特征、家庭经营特征、农户所处市场环境及要素投入成本等因素对农户纯收益的影响，其中要素投入成本包括肥料成本（x_{11}）、农药成本（x_{12}）、套袋成本（x_{13}）、灌溉成本（x_{14}）和雇工成本（x_{15}）。具体函数形式如下：

$$y_2 = \beta_0 + \beta_1 x_1 + \beta_2 x_2 + \beta_3 x_3 + \beta_4 x_4 + \beta_5 x_5 + \beta_6 x_6 + \beta_7 x_7 + \beta_8 x_8 + \beta_9 x_9 \\ + \beta_{10} x_{10} + \beta_{11} x_{11} + \beta_{12} x_{12} + \beta_{13} x_{13} + \beta_{14} x_{14} + \beta_{15} x_{15} + \mu \quad (7.2)$$

农户收益的测度指标包括净收益和纯收益，其中净收益指销售收益扣除生产成本后的净结余，而纯收益则指销售收益扣除生产成本和交易成本后的部分。国内学者在考察农业产业化组织模式对农户纯收益的影响时，通常采用净收益指标，但从国外文献来看，国外研究者则倾向于采用纯收益指标，例如，Birthal et al.（2008）在研究不同组织模式对印度拉贾斯坦邦农户收益的影响时，就采用了纯收益指标，在具体测度时考虑了市场交易成本的影响。实际上，理性的农户参加合作社的关键原因就在于预期收益相对市场交易模式要高，而预期收益由销售总收益、要素投入成本和市场交易成本等因素共同决定。因此，本书在具体测度农户纯收益时，以销售总收益为基础，扣除要素投入成本和农户市场交易成本，同时加上合作社对农户的盈余返还。

7.2.2 变量说明

模型中所涉及的各个变量的定义及赋值见表7-1。

表 7-1 模型变量说明

变量名称	变量定义	单位
被解释变量		
交易成本①	农户市场交易成本	元/亩
纯收益②	农户种植苹果的纯收益	元/亩
解释变量		
户主年龄	实际年龄	岁
户主性别	女性=0；男性=1	
文化程度	小学及以下=1；初中=2；高中/中专=3；大专及以上=4	
是否为村干部	否=0；是=1	
种植规模	实际苹果种植面积	亩
是否参加合作社	否=0；是=1	
价格波动程度	<10%=1；10%~20%=2；20%~30%=3；≥30%=4	
市场信息可获性	很难=1；一般=2；容易=3；非常容易=4	
与果品市场距离	农户住所与最近的果品市场距离	千米
是否受政府扶持	没有=0；有=1	
肥料成本	平均每亩苹果园的肥料投入成本	元/亩
农药成本	平均每亩苹果园的农药投入成本	元/亩
套袋成本	平均每亩苹果园的套袋投入成本	元/亩
灌溉成本	平均每亩苹果园的灌溉费用	元/亩
雇工成本	平均每亩苹果园的雇工费用	元/亩

注：①计算公式为：交易成本=[（农资购买环节信息成本、运输成本和时间成本）+（产品销售环节信息成本、运输成本和时间成本）]/苹果种植面积；②计算公式为：纯收益=（苹果销售总收益+合作社盈余返还-要素投入成本-市场交易成本）/苹果种植面积。

7.3 描述性统计分析

7.3.1 农户交易成本和纯收益的总体情况

根据受调查的 348 户苹果种植户的相关数据统计结果：农户从

事苹果生产的交易成本最低为370元/亩,最高为740元/亩,均值和标准差分别为533.92元/亩和126.86元/亩;其中,交易成本位于"<400元/亩"、"400~500元/亩"、"500~600元/亩"、"600~700元/亩"和"≥700元/亩"的农户分别有89户、91户、30户、125户和13户,分别占样本总数的25.6%、26.2%、8.6%、35.9%和3.7%。农户从事苹果生产的纯收益最低为2960元/亩,最高为5210元/亩,均值和标准差分别为4144.20元/亩和649.63元/亩;其中,纯收益位于"<3500元/亩"、"3500~4000元/亩"、"4000~4500元/亩"、"4500~5000元/亩"和"≥5000元/亩"的农户分别有66户、85户、81户、73户和43户,分别占样本总数的19.0%、24.4%、23.3%、21.0%和12.3%。农户交易成本与纯收益的总体情况见表7-2。

表7-2 农户交易成本与纯收益的总体情况

亩均交易成本(元)	<400	400~500	500~600	600~700	≥700
户数(户)	89	91	30	125	13
占样本总数比例(%)	25.6	26.2	8.6	35.9	3.7
亩均纯收益(元)	<3500	3500~4000	4000~4500	4500~5000	≥5000
户数(户)	66	85	81	73	43
占样本总数比例(%)	19.0	24.4	23.3	21.0	12.3

7.3.2 相关性分析

1. 户主年龄与农户交易成本和纯收益。单因素统计分析结果表明:户主年龄对农户亩均交易成本存在显著性影响,标准化系数为-0.094,在10%的水平上显著;户主年龄对农户亩均纯收益的影响不显著,标准化系数为-0.011,显著性水平为0.835。据此,可以初步推断:户主年龄对农户亩均交易成本具有负向显著影响,但对农户亩均纯收益的影响不显著。

2. 户主性别与农户交易成本和纯收益。根据统计结果，户主为男性时，农户从事苹果生产的交易成本和纯收益分别为517.39元/亩和4234.80元/亩。户主为女性时，农户从事苹果生产的交易成本和纯收益分别为634.80元/亩和3591.30元/亩。独立样本T检验得出两组亩均交易成本和亩均纯收益的均值均存在显著性差异，且都在1%的水平上显著。据此，可以初步判断：户主性别对农户亩均交易成本的影响显著为负，但对农户亩均纯收益的影响显著为正。

3. 文化程度与农户交易成本和纯收益。根据统计结果，文化程度为"小学及以下"、"初中"、"高中/中专"和"大专及以上"的农户从事苹果生产的交易成本分别为633.37元/亩、571.08元/亩、484.94元/亩和417.95元/亩，纯收益则分别为3314.20元/亩、3962.70元/亩、4345.90元/亩和5069.70元/亩。据此，可以初步推断：文化程度对农户亩均交易成本的影响显著为负，但对农户亩均纯收益的影响显著为正。

4. 是否为村干部与农户交易成本和纯收益。根据统计结果，为村干部或非村干部的农户从事苹果生产的纯收益分别为4876.10元/亩和3982.50元/亩，两者的均值差异性在1%的水平上显著，交易成本则分别为436.43元/亩和555.47元/亩，两者的均值差异性也在1%的水平上显著。据此，可以初步推断：农户为村干部时，能够显著降低交易成本和提高纯收益。

5. 种植规模与农户交易成本和纯收益。单因素统计分析结果表明：苹果种植规模对农户亩均交易成本存在显著性影响，标准化系数为-0.222，在1%的水平上显著；苹果种植规模对农户亩均纯收益具有显著性影响，标准化系数为0.234，在1%的水平上显著。据此，可以初步推断：苹果种植规模对农户亩均交易成本的影响显著为负，但对农户亩均纯收益的影响显著为正。

6. 是否参加合作社与农户交易成本和纯收益。根据统计结果，参加合作社和没有参加合作社的农户从事苹果生产的纯收益各为4613.80元/亩和3502.20元/亩，两者的均值差异性在1%的水平上显著，交易成本则分别为475.75元/亩和613.47元/亩，两者的均值差异性也在1%的水平上显著。据此，可以初步推断：参加合作社对农户亩均交易成本的影响显著为负，但对农户亩均纯收益的影响显著为正。

7. 价格波动程度与农户交易成本和纯收益。根据统计结果，表示苹果批发市场的价格波动程度位于"<10%"、"10%~20%"、"20%~30%"和"≥30%"的农户从事苹果生产的纯收益分别为3837.60元/亩、3770.60元/亩、4348.90元/亩和4875.40元/亩，交易成本则分别为534.07元/亩、588.93元/亩、508.66元/亩和460.29元/亩。据此，可以初步推断：价格波动程度对农户亩均交易成本的影响显著为负，但对农户亩均纯收益的影响显著为正。

8. 市场信息可获性与农户交易成本和纯收益。根据统计结果，表示市场信息可获性为"很难"、"一般"、"容易"和"非常容易"的农户从事苹果生产的纯收益分别为3333.20元/亩、3928.10元/亩、4435.50元/亩和5004.20元/亩，交易成本则分别为638.35元/亩、547.95元/亩、516.67元/亩和423.78元/亩。据此，可以初步推断：市场信息可获性越容易，农户亩均交易成本越低，而亩均纯收益则越高。

9. 与果品市场距离与农户交易成本和纯收益。单因素统计分析结果表明：与果品市场距离对农户从事苹果生产的亩均交易成本存在显著性影响，标准化系数为0.399，在1%的水平上显著；与果品市场距离对农户从事苹果生产的亩均纯收益存在显著性影响，标准化系数为-0.720，在1%的水平上显著。据此，可以初步推断：与果品交易市场距离对农户亩均交易成本的影响显著为正，但对农户亩均纯收益的影响显著为负。

10. 是否受政府扶持与农户交易成本和纯收益。根据统计结果，表示没有和有政府扶持的农户从事苹果生产的交易成本分别为611.00元/亩和460.31元/亩，两者的均值差异性在1%的水平上显著，纯收益则分别为3576.90元/亩和4686.00元/亩，两者的均值差异性也在1%的水平上显著。据此，可以初步判断，政府扶持有助于降低农户交易成本和提高农户纯收益。

11. 肥料成本与农户纯收益。单因素统计分析结果表明：亩均肥料施用成本对农户从事苹果生产的亩均纯收益具有负向显著影响，标准化系数为 -0.167，在1%的水平上显著。据此，可以初步判断，亩均肥料施用成本越高，农户从事苹果生产的亩均纯收益就越低。

12. 农药成本与农户纯收益。单因素统计分析结果表明：亩均农药施用成本对农户从事苹果生产的亩均纯收益具有负向显著影响，标准化系数为 -0.283，在1%的水平上显著。据此，可以初步判断，亩均农药施用成本越高，农户从事苹果生产的亩均纯收益就越低。

13. 套袋成本与农户纯收益。单因素统计分析结果表明：亩均套袋成本对农户从事苹果生产的亩均纯收益具有负向显著影响，标准化系数为 -0.529，在1%的水平上显著。据此，可以初步判断，亩均套袋成本越高，农户从事苹果生产的亩均纯收益就越低。

14. 灌溉成本与农户纯收益。单因素统计分析结果表明：亩均灌溉成本对农户从事苹果生产的亩均纯收益具有正向显著影响，标准化系数为0.374，在1%的水平上显著。据此，可以初步判断，亩均灌溉成本越高，农户从事苹果生产的亩均纯收益就越高。

15. 雇工成本与农户纯收益。单因素统计分析结果表明：亩均雇工成本对农户从事苹果生产的亩均纯收益具有正向显著影响，标准化系数为0.139，在1%的水平上显著。据此，可以初步判断，亩均雇工成本越高，农户从事苹果生产的亩均纯收益就越高。

7.4 模型估计结果分析

在模型估计之前,先进行多重共线性检验,结果得出,方差膨胀因子(VIF)统计值均低于10,说明模型中各变量之间不存在严重的多重共线问题;考虑到利用截面数据建立模型时难以避免某些解释变量缺失或样本数据观测误差而使干扰项方差增加,产生异方差问题。因此,本书对模型进行了异方差检验。经怀特检验,农户市场交易成本模型的 nR^2 统计量分别为 36.8465(不含交叉项)和 52.5410(含交叉项),伴随概率分别为 0.000 和 0.001,在 5% 的显著性水平上拒绝同方差假设;农户纯收益模型的 nR^2 统计量分别为 92.8332(不含交叉项)和 226.2084(含交叉项),伴随概率均为 0.000,在 1% 的显著性水平上拒绝同方差假设。故本书采用加权最小二乘法(WLS)对模型进行估计。结果如表 7-3 和表 7-5 所示。

7.4.1 农户交易成本模型估计结果分析

1. 合作社的交易成本节约效应。根据表 7-3 的估计结果:是否参加合作社变量的系数为 -47.772,并在 10% 的水平上显著,这表明在其他条件不变的情况下,参加合作社可以使农户市场交易成本减少约 48 元/亩。

表 7-3 农户交易成本模型估计结果

解释变量	估计系数	标准误	T 值	显著性水平
户主年龄	-0.986	0.689	-1.430	0.154
户主性别	-60.727	17.677	-3.435	0.001
文化程度	-34.124	8.909	-3.830	0.000

续表

解释变量	估计系数	标准误	T值	显著性水平
是否为村干部	-10.149	14.648	-0.693	0.489
种植规模	-8.973	2.519	-3.562	0.000
是否参加合作社	-47.772	27.848	-1.715	0.087
价格波动程度	12.600	7.431	1.696	0.091
市场信息可获性	-20.931	10.598	-1.975	0.049
与果品市场距离	-37.524	11.247	-3.336	0.001
是否受政府扶持	-60.949	24.750	-2.463	0.001
截距项	874.182	49.109	17.801	0.000
R^2	0.471			
调整后的 R^2	0.456			
F值	30.065			

合作社能够减少农户交易成本的主要原因有：①合作社事先以合约的形式明确规定了交易双方的身份以及销售价格，避免了农户搜寻合适交易对象和市场价格的工作，从而有助于减少农户为获取市场信息所支付的信息费。从调查结果来看，参加合作社和没有参加合作社的农户，在农业生产要素采购环节的信息费分别为9.00元/亩和11.97元/亩，相差2.97元/亩；在产品销售环节的信息费分别为16.62元/亩和20.51元/亩，相差3.89元/亩。以上的均值差异性均在1%的水平上显著。②合作社通常将产品交易地点设定在各村果园附近，方便人力三轮车或小型机动车装卸和运输，不但降低了农户运输费，也减少了交易过程的时间消耗。从调查结果来看，参加合作社和没有参加合作社的农户，在农业生产要素采购环节的运输费分别为13.06元/亩和13.26元/亩，大体相当，其均值差异性不显著。两者在产品销售环节的运输费分别为249.94元/亩和323.69元/亩，相差73.75元/亩；两者在农业生产要素采购环节的时间成

本分别为 20.30 元/亩和 28.43 元/亩,相差 8.13 元/亩;两者在产品销售环节的时间成本分别为 166.63 元/亩和 215.80 元/亩,相差 49.17 元/亩。这三个费用的均值差异性均在 1% 的水平上显著。具体情况见表 7-4。

表 7-4 不同类型农户交易成本的构成与比较

单位:元/亩

交易成本构成		非社员农户(M)		社员农户(C)		均值差异 T 检验
		均值	标准差	均值	标准差	$H_0: H_M = H_C$
农资采购	信息费	11.97	4.59	9.00	4.09	6.23(0.00)[①]
	运输费	13.26	6.59	13.06	8.09	0.24(0.81)
	时间成本	28.43	7.56	20.30	7.41	10.00(0.00)
产品销售	信息费	20.51	9.48	16.62	8.30	3.98(0.00)
	运输费	323.69	77.30	249.94	67.33	9.28(0.00)
	时间成本	215.80	51.54	166.63	44.88	8.28(0.00)

注:①括号内为显著性水平,下同。

2. 其他因素对农户交易成本的影响。根据表 7-3 的估计结果,在其他条件不变时,户主为男性时可以使市场交易成本降低约 61 元/亩,这可能是因为男性户主对市场信息的关注程度相对女性户主较高,购买农业生产要素或销售产品时的时间消耗也相对较短。户主文化程度越高,市场交易成本就越低,比如在其他条件不变时,拥有大专学历的农户与拥有高中学历的农户相比,市场交易成本减少约 34 元/亩。农户苹果种植规模增加,单位面积市场交易成本呈下降趋势,也即农户每增加 1 亩苹果种植面积,其市场交易成本就降低约 9 元/亩,这说明种植规模对农户市场交易成本具有边际递减效应。在市场环境因素方面,市场价格波动程度越大,反而越容易降低农户市场交易成本,这可能是因为在市场价格波动程度较大时,当地政府有关部门,以及电视、广播和报纸等新闻媒介加大了及时通报市场价格行情的力度，从而降低了农户获取市场信息的费用；变量市场信息可获性的系数为负，表明在其他条件相同时，获取市场信息的难度越低，农户市场交易成本就越容易降低，比如表示市场信息可获性程度为"容易"与程度为"一般"的农户相比，市场交易成本减少约21元/亩。农户距离市场越远，农户市场交易成本就越高，也即在其他条件不变时，农户住所与市场距离每增加1千米，其市场交易成本就会增加约37元/亩，这与调研过程中农户所反映出的现实情况相符。此外，政府对苹果种植给予政策扶持也有助于农户市场交易成本降低，在其他条件不变时，有政策扶持和没有政策扶持的农户，其市场交易成本相差约61元/亩。以上这些影响因素均达到了一定的显著性水平。

7.4.2 农户纯收益模型估计结果分析

1. 合作社增收效应。根据表7-5的估计结果，变量是否参加合作社的系数为321.051，并在1%的水平上显著，这表明在其他条件不变的情况下，农户参加合作社可使其纯收益增加约321元/亩。

表7-5 农户纯收益模型估计结果

解释变量	估计系数	标准误	T值	显著性水平
户主年龄	3.098	1.007	3.076	0.002
户主性别	120.705	23.725	5.088	0.000
文化程度	46.151	14.485	3.186	0.002
是否为村干部	165.223	28.441	5.809	0.000
种植规模	17.626	5.243	3.362	0.001
是否参加合作社	321.051	42.939	7.477	0.000
价格波动程度	-2.878	11.201	-0.257	0.797
市场信息可获性	347.788	15.747	22.087	0.000

续表

解释变量	估计系数	标准误	T值	显著性水平
与果品市场距离	27.987	15.759	1.776	0.077
是否受政府扶持	92.754	39.363	2.356	0.019
肥料成本	0.268	0.326	0.821	0.412
农药成本	0.028	0.168	0.170	0.865
套袋成本	0.056	0.090	0.621	0.535
灌溉成本	0.278	0.184	1.512	0.132
雇工成本	0.702	0.123	5.689	0.000
截距项	2053.825	344.843	5.956	0.000
R^2	0.960			
调整后的 R^2	0.958			
F值	526.379			

合作社之所以能够增加农户纯收益,主要是因为合作社集体采购的农业生产资料价格相对较低,并且质量能够得到保障,再加上合作社对要素投入和产品质量的严格控制,使得合作社农户亩均收益得到提高。从成本方面来看,参加合作社和没有参加合作社的农户的肥料成本分别为1218.3元/亩和1293.5元/亩,前者比后者节省约75.2元/亩;两者的农药成本分别为672.45元/亩和768.23元/亩,前者比后者节省约95.78元/亩;两者的套袋成本分别为414.38元/亩和532.93元/亩,前者比后者节省约118.55元/亩;两者的灌溉成本分别为193.38元/亩和166.46元/亩,前者比后者增加约26.92元/亩。以上的均值差异性均在1%的水平上显著。两者的雇工成本分别为124.08元/亩和131.97元/亩,大体相当,其均值差异性不显著。从收益方面来看,参加合作社的农户可以享受"市场价+附加价"的合约定价制度,销售价格相对较高。参加合作社的农户与没有参加合作社的农户,苹果销售价格分别为3.01元/千克和2.66元/千克,前者比后者增加约0.35元/千克,其均值差异性在1%的水平上显著。参加

合作社和没有参加合作社的农户，亩均产量分别为2849.6千克/亩和2984.2千克/亩，前者比后者减少约134.6千克/亩，其均值差异性在1%的水平上显著，造成这一现象的原因可能是，农户参加合作社后其管理方式发生转变，为保证产品的质量，每株果树的座果数量有所减少，从而导致亩产量降低。参加和未参加合作社的农户生产成本、亩均产量和销售价格情况具体见表7-6。

表7-6 不同类型农户生产成本、亩均产量和销售价格比较

项目	非社员农户（M）		社员农户（C）		均值差异T检验
	均值	标准差	均值	标准差	$H_0: H_M = H_C$
肥料成本（元/亩）	1293.50	22.68	1218.30	66.38	7.09（0.00）[①]
农药成本（元/亩）	768.23	69.89	672.45	112.32	9.78（0.00）
套袋成本（元/亩）	532.93	100.56	414.38	69.86	12.29（0.00）
灌溉成本（元/亩）	166.46	51.03	193.38	18.54	-6.22（0.00）
雇工成本（元/亩）	131.97	94.38	124.08	93.71	0.77（0.44）
亩均产量（千克）	2984.20	415.16	2849.60	405.65	-3.02（0.00）
销售价格（元/千克）	2.66	0.43	3.01	0.40	3.19（0.01）

注：①括号内为显著性水平，下同。

2. 其他因素对农户纯收益的影响。根据表7-5的估计结果，在其他条件不变时，户主年龄每增加1岁，农户纯收益将增加约3元/亩，这可能是因为户主年龄大的农户，其积累的苹果种植经验较为丰富。户主为男性时有助于增加农户纯收益，具体来讲，在其他条件不变时，男性户主与女性户主相比，其纯收益将增加约121元/亩，这可能是因为男性户主的经营能力相对女性户主较强。户主文化程度越高，农户纯收益就越高，比如在其他条件不变时，拥有大专学历的农户与拥有高中学历的农户相比，纯收益增加约46元/亩。担任村干部对增加农户纯收益具有促进作用，在其他条件不变时，担任村干部与不担任村干部的农户相比，其纯收益将增加约165元/

亩，这可能是因为乡村干部拥有相对丰富的社会资源，与外界建立关系的机会较多，获取农业生产新技术和市场信息的成本较低。农户苹果种植规模增加，单位面积纯收益呈上升趋势，也即农户每增加1亩苹果种植面积，其纯收益就增加约18元/亩，这说明种植规模对农户纯收益具有边际递增效应。在市场环境因素方面，市场信息可获性的系数为负，表明在其他条件相同时，获取市场信息的难度越低，农户纯收益就越容易增加，比如表示市场信息可获性程度为"容易"与程度为"一般"的农户相比，纯收益增加约348元/亩，这说明能否及时获取市场信息对增加农户纯收益至关重要。农户距离市场越远，农户纯收益就越高，也即在其他条件不变时，农户住所与果品市场距离每增加1千米，其纯收益就会增加约28元/亩，这可能是因为农户将苹果运往距离相对较远的果品批发市场不仅可以获得比上门收购的贩销商更高的价格，而且价格增加带来的收益超过额外运输费用的增加。此外，政府对苹果种植给予政策扶持也有助于促进农户纯收益增加，在其他条件不变时，有政策扶持和没有政策扶持的农户，两者纯收益相差约93元/亩。以上这些影响因素均达到了一定的显著性水平。模型分析结果还表明，肥料成本、农药成本和套袋成本等对农户纯收益的影响均不显著，这说明现阶段依靠增施肥料和农药等措施来促进农户纯收益增加已不太现实。

7.5 本章小结

通过上述分析，本章得到的分析结论如下：在其他条件不变的情况下，相对于市场交易情形，参加合作社可以使农户交易成本降低约48元/亩，纯收益增加约321元/亩；此外，户主性别、文化程度、种植规模、市场信息可获性、与果品市场距离和是否受政府扶持等也是影响农户交易成本和农户纯收益的重要因素。

8 合约安排对农户生产行为的影响

8.1 引言

由于作物吸收移出、挥发和淋溶损失造成土壤养分亏缺，施肥成为改善土壤肥力和增加农作物产量的重要举措（Smil，2001）。中国耕地化肥总施用量从20世纪80年代初的884万吨上升到90年代末的4000万吨，后又增加到2007年创世纪的5100万吨。但在同时，有机肥占肥料总施用量的比重却呈迅速下降趋势，由1975年的66.4%下降到1985年的43.7%、1990年的37.4%和2005年的20%（刘梅等，2010）。研究表明，中国耕地化肥施用强度高达420 kg/hm^2，远远超过发达国家225 kg/hm^2的环境安全上限（Zhang et al.，1996），与发达国家60%~70%化肥利用率相比，中国的化肥利用率仅为30%~40%（刘桂平等，2006）。化肥施用过量不仅破坏土壤营养平衡，而且降低农产品品质，更是危害土壤环境的直接元凶（何浩然等，2006）。

农药施用不仅关系到农产品质量安全，而且是影响农业生态环境和公众健康的关键环节。由于长期对农药的危害性认识滞后以及对农药管理及环境监管不到位等原因，中国农户在农业生产过程中过量施用农药的现象十分普遍（张云华等，2004）。据统计，中国的农药施用总量从2000年的128.0万吨增加到了2007年的162.3万吨，年均增长率达 3.4%。众多研究表明，过量施用农药将造成一系列的负面效应：目前，农药残留超标已成为制约中国农产品出口的最大障碍，严重削弱了中国传统农产品在国际市场上的竞争优势（张云华等，2004）；据测算，中国受农药污染的耕地面积高达 667 万公顷，占可耕地面积的 6.4%（陈泽伟，2008）；而且，中国癌症发病率和死亡率均呈现逐年上升的态势，这可能与农药的环境污染和食物污染有直接关系（郑风田和赵阳，2003）。

随着肥料施用结构性失衡问题的加剧和农药施用过量风险的增加，如何诱导农户优化肥料施用结构和减少农药施用量已经成为学术界关注的热点（Han & Zhao，2009；周洁红，2006）。周峰和王爱民（2007）、张利国（2008）等学者的研究表明，与市场交易相比，销售合约、合作社、生产合约和垂直一体化等紧密型垂直协作方式对农户化肥施用量具有显著的负向影响；周曙东和戴迎春（2005）、应瑞瑶和孙艳华（2007）也指出，随着农业产业化进程不断向纵深推进，通过生产等阶段的密切协作有望解决危害消费者健康的农产品质量安全问题。但遗憾的是，以往研究并未就合作社内部交易合约安排如何影响施肥或施药行为的内在机理展开深入研究。为此，本书利用实地调查数据，定量分析合约安排对农户施肥和施药行为的影响及作用机理。

8.2 合约安排对农户施肥行为的影响

8.2.1 模型设定与变量说明

模型被解释变量为农户的肥料施用结构，即亩均有机肥施用成本占肥料总施用成本的比例，解释变量包括合约安排特征、地块特征和农户家庭经济社会特征等。考虑到农户的肥料施用结构变量的赋值为非负连续变量，故本书采用普通最小二乘法（OLS）对模型进行估计。模型的具体函数形式如下：

$$y_i = \alpha_0 + \sum_{j=1}^{J} \beta_j C_{ij} + \sum_{m=1}^{M} \varphi_m L_{im} + \sum_{k=1}^{K} \eta_k H_{ik} + \varepsilon_i \tag{8.1}$$

表达式（8.1）中，C 表示农民专业合作社内部交易合约安排变量，包括施肥技术指导、质量检测要求、合约定价制度和肥料供应服务等；L 表示地块特征变量，包括果园离家距离、种植规模、土壤质量、灌溉便利程度和果园种植密度等；H 表示农户家庭经济社会特征变量，包括户主年龄、户主性别、文化程度、环境关注程度、家庭农业劳动力数量和家庭非农收入比例等。

模型中各个变量的定义、平均值和标准差见表8-1。

表8-1 模型变量说明

变量名称	变量定义	平均值	标准差
被解释变量			
肥料施用结构	亩均有机肥施用成本占肥料总施用成本的比例	0.33	0.14
解释变量			
施肥技术指导	是否提供测土配方施肥技术（是=1；否=0）	0.48	0.50
质量检测要求	要求不高=1，比较严格=2，非常严格=3	1.85	0.93
合约定价制度[①]	随行就市价=0；市场价+附加价=1	0.60	0.491
肥料供应服务	是否向农户提供肥料供应服务（是=1；否=0）	0.50	0.50
果园离家距离	千米	1.02	0.43
种植规模	亩	4.28	2.06
土壤质量	差=1；中=2；好=3	1.89	0.82
灌溉便利程度	极不方便=1；不太方便=2；基本方便=3；比较方便=4	2.58	0.92
果园种植密度	株/亩	66.68	13.12
户主年龄	实际年龄（岁）	46.23	7.49
户主性别	女性=0；男性=1	0.87	0.33

续表

变量名	定义	平均值	标准差
文化程度	小学及以下 =1；初中 =2；高中/中专 =3；大专及以上 =4	2.43	0.92
环境关注程度	不关注 =1；比较关注 =2；非常关注 =3	1.82	0.78
家庭农业劳动力数量	个	1.78	0.63
家庭非农收入比例	<25% =1；25%~50% =2；50%~75% =3；≥75% =4	2.16	0.94

注：①此处的合约定价制度是指初始合约规定的产品定价方式（见第6章），与最终实际执行的合约定价制度不同，下同。

8.2.2 农户肥料施用的总体情况

在化肥和有机肥施用支出上，社员农户和非社员农户相比较而言具有显著的差异。从表8-2可以看出，非社员农户亩均化肥和有机肥施用支出分别为1048.2元、245.3元，而社员农户亩均化肥和有机肥施用支出分别为703.6元、514.7元，两者的均值差异均在1%的水平上显著。并且，非社员农户的亩均肥料施用总支出为1293.5元，社员农户的亩均肥料施用总支出为1218.3元，两者之间的差异并不突出。那么，农民专业合作社的合约安排是否诱导了农户肥料施用结构的变化呢？以下的实证分析试图回答这一问题。

表8-2 农户化肥和有机肥施用支出情况

单位：元/亩

	非社员农户（M）			社员农户（C）			均值差异T检验
	最小值	最大值	平均值	最小值	最大值	平均值	$H_M = H_C$
化肥	850	1256	1048.2	550	855	703.6	-26.397***
有机肥	95	400	245.3	410	625	514.7	28.988***

注：***表示系数在1%水平上显著。

8.2.3 模型估计结果分析

在对模型进行 OLS 估计前,多重共线性检验发现各个变量之间的 VIF 值均低于 5,说明各个变量之间不存在严重的多重共线性。从模型回归结果来看,模型整体的拟合度很好,$R^2 = 0.938$,调整后的 $R^2 = 0.935$,F 统计值为 334.180,达到了研究的目标和要求。模型结果具体见表 8 - 3。

表 8 - 3　模型估计结果

变量名	非标准化系数	标准差	标准化系数	T 值
施肥技术指导	0.076	0.007	0.281	10.458***
质量检测要求	0.005	0.003	0.037	1.882*
合约定价制度	0.044	0.006	0.159	7.579***
肥料供应服务	-0.019	0.008	-0.070	-2.389**
果园离家距离	-0.002	0.005	-0.007	-0.421
种植规模	-0.004	0.001	-0.062	-3.856***
土壤质量	0.003	0.002	0.019	1.350
灌溉便利程度	0.020	0.004	0.135	4.458***
果园种植密度	0.002	0.000	0.177	10.001***
户主年龄	0.000	0.000	-0.006	-0.457
户主性别	0.001	0.006	0.003	0.228
文化程度	0.015	0.003	0.105	4.559***
环境关注程度	0.006	0.003	0.034	2.183**
家庭农业劳动力数量	0.002	0.003	0.010	0.712
家庭非农收入比例	0.059	0.004	0.412	13.709***

注:***、**和*表示系数分别在1%、5%和10%水平上显著。

1. 施肥技术指导对农户肥料施用结构有正向影响,并在1%的水平上显著。施肥技术指导主要针对配方施肥技术。配方施肥技术是以土壤测试和肥料田间试验为基础，根据作物需肥规律、土壤供肥性能和肥料效应，确定氮、磷、钾及中微量元素等肥料的施用数量、施肥时期和施用方法（高祥照等，2005）。调查结果显示，被调查农户中有168户采用配方施肥技术，其中社员农户为153户，占91.1%，这表明农户与合作社签订的交易合约能够促进农户采用配方施肥技术，其原因主要在于社员农户不仅可以免去土壤测试费（10元/次），并且从采集土样、送土样到领取配方施肥技术指导卡等一系列琐碎工作均由合作社代劳，极大降低了农户采用配方施肥技术的难度和成本。农户采用和没有采用配方施肥技术的主要原因见表8-4。

表8-4 未采用和采用配方施肥技术的原因

未采用的原因	户数	比例	采用的原因	户数	比例
不知道该项技术	57	31.6%	合约提供降低采用成本	153	91.1%
收费偏高，且过程烦琐	107	59.4%	提高肥料利用率	135	80.3%
看不懂建议卡，没人指导	78	43.3%	提高农产品内在质量	128	76.2%
对该项技术持怀疑态度	25	13.9%	减轻土壤板结和酸化度	86	51.2%

以往研究表明，最佳施肥结构要求有机肥（纯含量）施用量占总用肥量的50%~60%（吴淑秀等，2006）。在与栖霞市果业发展局苹果生产技术专家的访谈中了解到，由于肥料价格上涨，2009年每亩苹果种植园肥料施用总成本约为1200元，其中化肥和有机肥的最佳配置比例大致为1:1，若化肥施用过量或有机肥投入不足，则不仅会引起土壤颗粒板结和土壤有机质含量偏低，还会降低苹果质量。从样本统计结果来看，采用和没有采用配方施肥技术的农户化肥亩均施用支出分别为676.5元、1011.4元，有机肥亩均施用支出分别为534.8元、274.4元，可以看出采用配方施肥技术的农户有机肥投入比重远高于没有采用配方施肥技术的农户，其肥料施用结构更为

合理。配方施肥技术之所以能够诱导农户增加有机肥的投入比重，原因主要在于，通过测土配方施肥，可以使农户知道土壤中缺什么肥、该施什么肥、施多少、什么时候施，从而实现从传统盲目施肥向科学施肥方式的转变。

2. 产品质量检测要求越高，农户增加有机肥投入比重的倾向就越大，并在10%的水平上显著。以往研究认为，严格的产品质量控制是交易合约创造租金的关键（Hueth et al., 1999）。从调查中了解到，农户在销售苹果时，供应链下游交易商或多或少会对苹果质量进行检测，被调查农户认为交易商对产品质量检测要求"非常严格"和"比较严格"的分别为144户、121户，其中社员农户各有114户、82户，分别占比79.2%和67.8%；产品质量检测内容包括果面缺陷程度、果实硬度、果形、果径（即果实的直径）、色泽和甜度等多个方面，社员农户和非社员农户对产品质量检测内容的感知存在较明显的差异，前者表示苹果交易时对果面缺陷程度、甜度、果形和色泽等质量属性进行检测的可能性较大，分别为100.0%、75.6%、93.0%和91.0%。

当生产的苹果质量达不到合约规定的具体标准时，农户将面临两种选择：（1）在苹果质量不低于市场平均质量的情况下，将以市场价格进行交易，失去享受合作社提供的质量奖励价的权利；（2）在苹果质量低于市场平均质量的情况下，合作社将拒绝收购，被迫转向市场进行交易。作为理性的决策主体，农户的经济目标是利用可能存在的各种潜在获利机会实现自身利益最大化。考虑到高额的市场交易成本，以及合作社提供的质量奖励价，尽管合作社对产品质量要求较高，但其仍是农户的理性选择。以往试验研究表明，施用有机肥后，苹果品质明显提高，且优质果率、果实中可溶性固形物及果实硬度显著增加（王宏伟等，2009）。因此，为了使生产的苹果质量达到合作社的要求，规避收益风险，农户将施用更多的有机肥来替代化肥。

3. 合约定价制度可以诱导农户调整肥料施用结构，并在1%的水平上显著。价格是影响农户行为最简单、最直接的激励机制，合理的合约定价制度可以提高农户配置资源的效率。从调查中了解到，在社员农户中，有185户表示初始合约提供"市场价+附加价"的合约定价制度，占参与合作社农户总数的92.0%，其中附加价为"<0.2元/千克"、"0.2~0.4元/千克"、"0.4~0.6元/千克"和"≥0.6元/千克"的农户分别为28户、45户、74户和38户。在实践中，尽管增施有机肥可以提高苹果质量和改善土壤环境，但有机肥施用过程相对麻烦，需要投入较多劳动时间，为了补偿因增施有机肥而造成的劳动成本增加，合作社就需要在市场价基础上向农户提供额外的质量奖励。理论上，农户施用有机肥的最佳决策必须满足如下条件：增施有机肥的边际收益（包括产品销售价格改进、土壤环境改善等方面）等于增施有机肥的边际成本（包括有机肥购买成本和劳动成本）。当合作社提供的附加价增大时，意味着农户增施有机肥的收益增加，进而提高了农户施用有机肥的积极性。需要说明的是，因数据获取困难，本书无法就不同水平附加价对农户肥料施用行为的边际影响做出量化分析，这一问题还有待进一步研究。

4. 肥料供应服务对农户肥料施用结构的影响为负，并在5%的水平上显著。根据调查统计结果，在社员农户中，表示合约不供应肥料、只供应化肥、只供应有机肥、同时供应化肥和有机肥的农户各有27户、70户、43户和61户，分别占比13.4%、34.8%、21.4%和30.4%，这说明合作社的肥料供应服务主要以化肥为主。绝大部分农户认为，合作社供应肥料的质量比较可靠，不存在有效成分实际含量低于包装标签标识量的现象。与施用有机肥相比，合作社的肥料供应服务更利于节省农户施用化肥的运输成本，这在某种程度上刺激了农户施用化肥的积极性，导致模型变量的系数显著为负。此外，购买化肥和有机肥的付款方式也可能会影响到农户肥料施用结构，通常情况下，受到资金约束或甄别肥料质量困难的农户，更倾向于选择允许赊欠的肥料。合作社肥料供应价格优惠幅度直接影响农户生产成本，若同市场价格相比，化肥价格优惠幅度大于有机肥价格优惠幅度，也将会刺激农户增施化肥以替代有机肥。但遗憾的是，问卷设计时没有涉及这部分信息，无法对上述猜测进行数据验证。

5. 果园离家距离对农户肥料施用结构的影响为负，但不显著。果园离家距离是反映肥料运输成本的一个重要变量，距离越远，运输成本越高。模型估计结果说明，果园离家越远，农户将降低有机肥的投入比重。但是，由于被调查农户果园均离家相对较近，绝大多数农户表示运送有机肥到果园"没有困难"或"有困难，但很小"，因而使得果园离家距离对农户有机肥投入比重的影响不显著。

6. 种植规模对肥料施用结构有负向影响，并在 1% 的水平上显著。随着农户苹果种植规模的扩大，肥料施用过程的劳动强度将增加。但是，由于有机肥施用过程繁杂，农户为了缓解劳动强度，降低了对有机肥的投入比重。

7. 土壤质量对农户肥料施用结构的影响为正，但不显著。土壤是否富含有机质、涵水性如何等质量水平的高低，对农户肥料施用行为具有一定的影响。从调查中了解到，表示土壤质量为"好"、"中"和"差"的农户各有 99 户、113 户和 136 户，分别占样本总数的 28.5%、32.5% 和 39.0%。如果土壤质量较高，其能提供的化肥元素相对较多，也即对化肥的需求较小（马骥等，2005）。

8. 灌溉便利程度对农户肥料施用结构有正向影响，并在 1% 的水平上显著。及时、有效灌溉是提高作物对有机肥吸收效率的关键。在其他条件不变的情况下，果园灌溉越方便，农户越有可能增加有机肥的施用。从调查中了解到，表示果园灌溉"极不方便"、"不太方便"、"基本方便"和"比较方便"的农户各有 32 户、154 户、91

户和 71 户,分别占样本总数的 9.2%、44.3%、26.1% 和 20.4%,这说明现阶段农田水利基础设施建设还不能完全保障苹果生产的灌溉用水所需,还有待进一步完善。

9. 果园种植密度对农户肥料施用结构的影响为正,在 1% 的水平上显著。这表明在其他条件保持不变的情况下,农户果园种植密度越大,其有机肥投入的比重就越高。根据调查数据统计,果园平均种植密度约为 67 株/亩,其中 "<50 株/亩"、"50~65 株/亩"、"65~80 株/亩" 和 "≥80 株/亩" 农户各有 56 户、126 户、114 户和 52 户,分别占样本总数的 16.1%、36.2%、32.8% 和 14.9%。在实地调查中还发现,种植密度小的农户常用的有机肥施用方法是穴施或环状沟施,种植密度大的农户常用的有机肥施用方法则是全园撒施,目的是扩大果树根系的吸收范围。因此,不同种植密度下的有机肥施用方式的差异,可能是造成农户有机肥投入比重变动的主要原因。

10. 户主年龄对农户肥料施用结构的影响为负,但不显著。尽管有机肥施用是农耕社会的传统观念,年龄越大的农户,越能够意识到有机肥对作物生长的重要性,但由于被调查农户以中年人为主,年龄在 40~49 岁和超过 50 岁的农户分别占 49.1% 和 25.9%,再加上施用有机肥的劳动强度较高,这在某种程度上限制了农户对有机肥的施用。

11. 户主性别对农户肥料施用结构有正向影响,但不显著。由于传统观念,绝大多数中国农村家庭以男性为户主,反映了男性和女性在社会和家庭中的地位差异。调查数据显示,在被调查的农户家庭中,以男性为户主的有 304 户,占样本总数的 87.4%,以女性为户主的有 44 户,占样本总数的 12.6%。在实践中,女性户主在化肥资源安排和分配上更善于精打细算,更愿意减少化肥施用量。

12. 文化程度对农户肥料施用结构具有正向影响,并在 1% 的水平上显著。这表明在其他条件不变的情况下，文化程度越高，农户有机肥投入的比重就越高。文化程度越高，农户对有机肥作为一种长期投入的重要性的认识越强，从而倾向于科学施肥，增加有机肥的投入比重。

13. 农户对环境的关注程度与农户肥料施用结构同向变动，并在5%的水平上显著。这表明在其他条件不变的情况下，农户对环境的关注程度越高，其有机肥投入的比重也就越高。根据调查数据统计结果，表示对环境"不关注"、"比较关注"和"非常关注"的农户分别有143户、125户和80户，分别占样本总数的41.1%、35.9%和23.0%，这说明现阶段农户对环境的关注程度还不够，仍有待进一步提高。

14. 家庭农业劳动力数量对农户肥料施用结构有正向影响。调查结果表明，家庭农业劳动力数量以1人或2人为主，占样本总数的90.8%。以往研究指出，施肥是农业生产劳动中的重要组成部分，故劳动力的供给状况在一定程度上会影响农户肥料施用行为（张利国，2008）。模型结果系数为正说明在其他条件不变的情况下，家庭劳动力数量越多，农户有机肥的投入比重就越高。但是，家庭农业劳动力数量并未构成影响农户有机肥投入比重的显著性变量。

15. 家庭非农收入比例对农户肥料施用结构的影响为正，并在1%的水平上显著。这表明在其他条件不变的情况下，随着家庭非农收入比例的提高，农户对有机肥的投入比重也将增加。调查结果显示，家庭非农收入比例为"<25%"、"25%～50%"、"50%～75%"和"≥75%"的农户分别有97户、129户、90户和32户，分别占样本总数的27.9%、37.1%、25.8%和9.2%，这说明农户家庭的非农收入比例相对较高。家庭非农收入比例的增加，缓解了农户购买有机肥的资金约束，一定程度上可以诱导农户施用更多的有机肥。

8.3 合约安排对农户施药行为的影响

8.3.1 模型设定与变量说明

模型被解释变量为农户施药行为,采用农户农药施用强度这一指标代替。解释变量包括有无参加合作社、农户家庭经济社会特征、苹果经营特征和农药危害性认知等。考虑到农户农药施用强度为非负连续变量,故采用普通最小二乘法(OLS)对模型进行估计。模型的具体函数形式如下:

$$Y_{ij} = \beta_0 + \sum_{m=1}^{M} \beta_m H_{im} + \sum_{n=1}^{N} \beta_n H_{in} + \beta_l K_{il} + \beta_s C_{is} + \varepsilon_i \qquad (8.2)$$

表达式(8.2)中,Y 表示农户农药施用强度。需要说明的是,农药施用强度是指单位面积农药施用的数量,为简化分析,以每亩果园农药施用的费用支出作为测量指标。H 表示农户家庭经济社会特征,包括户主年龄、户主性别、文化程度、家庭农业劳动力数量和家庭收入水平等;F 表示农户经营特征,包括种植规模、是否雇工施药等;K 表示农药危害性认知变量,包括食品质量安全、农业生态环境和公众健康等方面;C 则表示农户是否参加合作社。

模型中各个变量的定义、平均值和标准差见表8-5。

表8-5 模型变量说明

变量名称	变量定义	平均值	标准差
被解释变量			
农药施用强度	亩均农药施用费用支出(元/亩)	712.87	107.59
解释变量			
户主年龄	实际年龄(岁)	46.23	7.49

续表

变量名	定义	平均值	标准差
户主性别	女性＝0；男性＝1	0.87	0.33
文化程度	小学及以下＝1；初中＝2；高中/中专＝3；大专及以上＝4	2.43	0.92
家庭农业劳动力数量	个	1.78	0.62
家庭收入水平	<0.8万＝1；0.8~1.6万＝2；1.6~2.4万＝3；≥2.4万＝4	2.16	0.94
种植规模	亩	4.28	2.05
是否雇工施药	没有＝0；有＝1	0.26	0.44
食品质量安全	没有危害＝0；有危害＝1	0.26	0.44
农业生态环境	没有危害＝0；有危害＝1	0.29	0.45
公众健康	没有危害＝0；有危害＝1	0.59	0.49
是否参加合作社	没有参加＝0；参加＝1	0.58	0.49

8.3.2 农户农药施用的总体情况

根据《农药安全使用标准》（GB4285-89）和《无公害食品——苹果生产技术规程》（NY/T5012-2002）中的苹果园专用农药分类来判断，被调查农户常用的农药品种有42种，其中34种是无公害农药，8种是高毒农药。无公害农药中施用频率比较高的是波尔多液、菌克星、多菌灵、达纳和蛾螨灵。高毒农药中施用频率比较高的是氧化乐果、福美胂和甲胺磷，并且施用高毒农药的农户均未参加合作社。

表8-6 被调查农户农药施用情况

单位：元/亩

	非社员农户（M）			社员农户（C）			均值差异T检验
	最小值	最大值	平均值	最小值	最大值	平均值	$H_M = H_C$
农药支出	590.00	910.00	822.45	580.00	790.00	632.74	31.489***

注：***表示系数在1%水平上显著。

从调查结果来看，社员农户和非社员农户相比，在亩均农药施用费用支出上具有显著的差异。根据表 8-6 中的统计结果，社员农户亩均农药施用费用支出约为 633 元，而非社员农户亩均农药施用费用支出约为 822 元，并且两组均值之间的差异性在 1% 的水平上显著。那么，农民专业合作社的合约安排是否诱导了农户施药行为的变化呢？以下的实证分析试图回答这一问题。

8.3.3 模型估计结果分析

模型 OLS 估计分为两个阶段，首先利用 Probit 模型考察农户参加合作社概率的影响因素，据此确定农户参加合作社的逆米尔斯比值（Inverse Mills Ratio），然后将其作为模型 OLS 估计的一个额外解释变量，从而避免样本出现选择性偏差的问题。从回归结果来看，模型估计的卡方检验值在 1% 的水平上显著，说明模型整体拟合效果较好；逆米尔斯比值的系数在 5% 的水平上显著，说明样本确实存在选择性偏差问题。具体估计结果见表 8-7。

1. 是否参加合作社对农户亩均农药施用量具有负向影响，并在 1% 的水平上显著。从模型估计结果可以看出，是否参加合作社的系数为 -149.152，说明在其他条件保持不变的情况下，参加合作社可以使农户农药施用费用支出减少约 149 元/亩。

表 8-7 模型估计结果

变量名	选择方程		施药行为方程	
	估计系数	标准误	估计系数	标准误
是否参加合作社	—	—	-149.152***	23.306
户主年龄	0.108	0.140	-0.013	0.300
户主性别	-7.980***	0.459	43.311***	8.414
文化程度	0.162	0.154	-9.339***	3.195

续表

变量名	选择方程		施药行为方程	
	估计系数	标准误	估计系数	标准误
家庭农业劳动力数量	-0.226	0.161	-3.992	3.951
家庭收入水平	1.563***	0.189	-12.366**	6.188
种植规模	-0.219***	0.046	3.563**	1.570
是否雇工施药	—	—	0.225	0.204
食品质量安全	—	—	-9.016	6.868
农业生态环境	—	—	-20.257**	7.823
公众健康	—	—	-29.667***	7.386
逆米尔斯比值			-25.555*	13.982
卡方检验值	282.82			
显著性水平	0.0000			
观测值个数	348			

注：***、**和*表示系数分别在1%、5%和10%水平上显著。

2. 户主年龄对农户亩均农药施用量的影响为负，这表明户主年龄越大的农户，亩均农药施用量就越低，其关键原因在于：农药施用过程对施药者的体力消耗较大，而户主年龄越大的农户，其面临的施药难度也越大，进而降低了农药施用的积极性。估计系数之所以不显著，可能的解释是，户主年龄较大的农户，风险厌恶程度较高，倾向于选择施用更多的农药以规避苹果产量的损失风险。

3. 户主性别与农户亩均农药施用量之间具有正相关性，并在1%的水平上显著。模型估计结果表明，在其他条件保持不变的情况下，男性户主与女性户主相比，其亩均农药施用费用支出将增加约43元。实地调查发现，户主为男性与户主为女性的农户，各自的亩均农药施用费用支出分别为733.08元和589.59元，两者之间的差异是因为受到农药施用次数的影响，户主为男性的农户平均施药次数约为12次，而女性户主的平均施药次数则为10次。

4. 文化程度对农户亩均农药施用量具有负效应，并在1%的水平上显著。模型估计结果表明，在其他条件保持不变的情况下，文化程度每提高1个层次，农户亩均农药施用费用支出降低约9元/亩。根据调查的统计结果，文化程度为"小学及以下"、"初中"、"高中/中专"和"大专及以上"的农户亩均农药施用费用支出分别为781.46元、728.76元、684.76元和650.70元。可见，文化程度越高，科学合理施用农药的可能性越高，从而有助于降低农药施用量。

5. 家庭农业劳动力数量对农户亩均农药施用量的影响为负，这表明在其他条件保持不变的情况下，家庭农业劳动力数量越多，农户亩均农药施用量越低。从调查中了解到，家庭农业劳动力数量介于1至4人之间，其中农业劳动力数量为1人、2人、3人和4人的农户亩均农药施用费用支出分别为722.50元、707.21元、720.34元和666.67元。估计系数之所以不显著，可能的原因是部分农业劳动力数量较多的农户，消除了农药施用的劳动力供给约束，进而提高了这部分农户施用农药的积极性。

6. 家庭收入水平与农户亩均农药施用量之间呈负相关的关系，并在5%的水平上显著。模型估计系数表明，在其他条件保持不变的情况下，家庭收入水平每提高一个层次（比如从"<0.8万元"提高至"0.8~1.6万元"），农户亩均农药施用费用支出减少约12元，可能的原因是，家庭收入水平越高的农户，其收入来源可能更多地来自非农就业，苹果种植收入的重要性下降，因而降低了农户施用农药的积极性。根据调查的统计结果，家庭收入水平为"<0.8万元"、"0.8万~1.6万元"、"1.6万~2.4万元"和"≥2.4万元"的农户，各自的亩均农药施用费用支出分别为768.76元、731.86元、645.67元和655.94元。

7. 种植规模对农户亩均农药施用量具有正向效应，并在5%的水平上显著。根据模型的估计系数可知，在其他条件保持不变的情况下，苹果种植规模每增加1亩，其亩均农药施用费用支出将增加约

3.5 元。这主要是因为，苹果种植规模越大的农户，劳动力供给的约束越明显，实行病虫害综合防治技术的可能性越低，通常更加依赖于施用农药来防治苹果生产的病虫害，因而造成亩均农药施用量的增加。

8. 是否雇工施药对农户亩均农药施用量具有促进作用，但不显著，且这一效应较弱。实地调查发现，雇工施药的农户有 90 户，占样本总数的 25.9%；雇工施药的农户与非雇工施药的农户，各自的亩均农药施用费用支出分别为 856.00 元和 662.95 元。估计系数之所以不显著，可能的解释是，雇工施药在避免农户遭受健康损失风险的同时，也使农户苹果生产的成本增加，为了减少雇工费用的支出，农户施用农药的积极性会有所下降。

9. 食品质量安全的系数为负，这表明在其他条件保持不变的情况下，那些能够认识到过量施用农药会危害产品质量安全的农户，在苹果生产过程中会倾向于降低农药施用量，这一效应约为 9 元/亩。估计系数之所以不显著，可能的原因在于，尽管认识到过量施用农药会对苹果质量安全造成危害，但在苹果交易时，下游交易商不对苹果的农药残留进行检测，抑或苹果农药残留检测的成本过高等原因，使农户能够很容易将苹果销售出去并实现其经济价值，从而造成农药施用的激励增强。

10. 农业生态环境的系数为负，并在 1% 的水平上显著。从模型的估计系数可知，在其他条件不变的情况下，认为过量施用农药会危害农业生态环境的农户与认为不会危害农业生态环境的农户相比，前者亩均农药施用费用支出将减少约 20 元/亩。根据实地调查的数据发现，认为过量施用农药会危害农业生态环境和认为不会危害农业生态环境的农户，各有 100 户和 248 户，分别占样本总数的 28.7% 和 71.3%，各自的亩均农药施用费用支出分别为 606.60 元和 755.73 元；当向认为过量施用农药会危害农业生态环境的农户进一步询问其是否会愿意降低农药施用量时，有 87 户表示愿意，占 87.0%。

11. 公众健康的系数为负,并在1%的水平上显著。从模型的估计系数可知,在其他条件不变的情况下,认为过量施用农药会危害公众健康的农户与认为不会危害公众健康的农户相比,前者亩均农药施用费用支出将减少约30元/亩。实地调查的统计结果表明,认为过量施用农药会危害公众健康和认为不会危害公众健康的农户,各有207户和141户,分别占样本总数的59.5%和40.5%,各自的亩均农药施用费用支出分别为633.24元和829.79元;当向认为过量施用农药会危害公众健康的农户进一步询问其是否会愿意降低农药施用量时,有184户表示愿意,占88.9%。

8.3.4 进一步分析

从上述分析可知,参加合作社有助于降低农户亩均农药施用量,那么,这一效应背后隐藏的作用机理是什么呢?以下内容将对这一问题做出回答。结合实际情况,本书认为,合作社与农户签订合约时,可以通过农药残留检测、农药施用控制、合约定价制度和生产过程监督等选择性激励措施来影响农户农药施用行为。下面将根据201个参加合作社的样本农户数据,分析合作社内部交易的合约安排对农户施药行为的影响机理,模型估计结果具体见表8-8。

表8-8 模型估计结果

变量名	估计系数	标准差	T值	显著性水平
农药残留检测	-24.456	3.014	-8.115	0.000
农药施用控制	-22.264	3.578	-6.222	0.000
合约定价制度	-62.095	4.860	-12.777	0.000
生产过程监督	-35.190	2.810	-12.524	0.000
F检验值=335.138			$R^2=0.472$	
显著性水平=0.000			调整后的$R^2=0.470$	

1. 农药残留检测对农户亩均农药施用量具有负向显著作用。在实地调查中了解到，合作社对产品质量进行检测时涉及的农药类型主要包括有机氯杀虫剂、有机磷杀虫剂和拟除虫菊酯杀虫剂，约有一半的农户表示合作社会对产品进行农药残留是否超标检测。当出现农药残留超标的情况时，一些农户表示合作社将拒绝收购，若情节严重还有被合作社免去社员资格的风险。在访谈过程中，调查员还仔细向农户询问了一些有关如何保证其产品质量符合合作社标准的措施，约有半数农户表示选择采用无公害农药技术或病虫害综合防治技术，抑或者在病虫害初期及时喷药以降低农药施用强度，其余农户则选择采用优质双层果袋以防止农药残留超标。

2. 农药施用控制与农户亩均农药施用量之间呈负相关性。建立各种标准化生产基地几乎是合作社实施农产品质量安全监控最主要和最有效的措施（卫龙宝和卢光明，2004）。合作社对农户生产行为进行直接控制，也减少了缔约时因信息不对称而造成的信息租金损失（Goodhue，2000）。在参加合作社的农户中，约有3/4的农户表示农药施用决策受到合作社不同程度的控制，其中，绝大多数农户表示合作社禁止农户施用高毒或高残留农药，或合作社明确要求施药剂量不允许超出农药标签列出的安全范围。

3. 合约定价制度对农户亩均农药施用量具有抑制作用。研究表明，对于具有搜寻品或经验品特征的商品，对质量属性进行激励能够控制农产品质量，也就是说，采用与农产品质量属性相挂钩的弹性价格制度有助于引导农户调整农药施用行为，有助于改善农产品质量以获取更高的交易价格（Alexander et al.，2007）。在参加合作社的农户中，有185户表示初始合约规定苹果交易执行"市场价+附加价"式弹性价格制度，其余则执行"随行就市价"式的合约定价制度。在访谈的过程中，当农户被问及初始的合约定价制度对其农药施用行为的影响时，大多数农户表示会适当降低农药施用数量或采用病虫害综合防治技术,也有少数农户表示会选用优质双层果袋以减少农药暴露。

4. 生产过程监督对农户亩均农药施用量具有负向显著作用。调查发现,生产过程监督包括合作社直接对农户的监管和农户间的相互监督两个层面。在参加合作社的农户中,部分农户表示农药施用过程或多或少受到合作社相关负责人的监督。当调查员向这部分农户进一步询问合作社监督农药施用过程是否会对其农药施用行为构成影响时,有少数农户表示不太敢施用高毒农药或者过量施用农药,这说明合作社监督农户施药过程的有效性相对较低,可能的解释是农业分散经营导致了合作社监督的低效率。另外,在调查中没有发现农户之间相互监督农药施用过程的现象,主要原因在于农户之间的相互监督容易引起邻里纠纷,执行成本很高,而且,即使农户愿意相互监督,但违反规章制度的行为在事后也很难被合作社证实。

8.4 本章小结

通过上述分析,本章得到的主要结论如下:(1)合作社通过配方施肥技术指导、产品质量检测和合约定价制度等措施能够诱导农户调整肥料施用结构,果园灌溉便利程度、种植密度、文化程度、环境关注程度和家庭非农收入比例对农户有机肥投入比重有正向显著影响。(2)合作社有助于降低农户农药施用量,其作用机理在于农药残留检测、农药施用控制、合约定价制度和生产过程监督等合约条款的设计,农户施药行为还受到户主性别、农户文化程度、家庭收入水平、种植规模、农药危害性认知等因素的影响。

9 研究结论与政策启示

9.1 研究结论

利用山东省苹果种植户的实地调查数据，本研究采用描述性统计方法、二项 Logit 模型、有序 Probit 模型和 OLS 估计等方法，分析了农民专业合作社内部交易合约安排及其对农户生产行为的影响等问题，经过分析得出以下结论：

第一，农户经营特征和市场环境特征是影响农户是否参加合作社的重要因素。在 348 个样本农户中，有 201 户参加了当地的合作社，占比 57.76%，这说明当前农户参加合作社的比例还有待进一步提高。农户文化程度、种植面积、与果品市场距离、苹果收入比重、苹果质量、市场价格波动和市场价格水平等因素对农户参加合作社行为决策的影响较为显著；在文化程度较高或市场价格较稳定的情况下，农户参加合作社的激励相对不足；而在户主风险规避、苹果种植面积较大、苹果质量较高、市场价格水平较低或距果品市场较远的情况下，农户参加合作社的激励相对较强。

第二，合作社本身的特征是决定生产决策权在其与农户之间配置的关键因素。从参加合作社的农户所反映的情况来看，生产决策权均有不同程度的向合作社转移的现象，其中合作社控制肥料和农药采购决策权、施用决策权以及采收时间决策权的动机相对比其他决策权更强。生产决策权向合作社的转移程度主要受合作社专用性投资、合作社是否聘请农技员、合作社销售渠道、合作社领办主体身份、农户参加合作社年限和合约定价制度等因素的影响。在合作社专用性投资增加、聘请农技员、产品销售给农业企业或水果超市、领办主体为农业企业或贩销大户、提供"市场价+附加价"式合约定价制度的情况下，原本由农户控制的生产决策权向合作社转移的程度相对较高。

第三，合作社内部交易合约安排能否降低农户的价格风险取决于农户经营特征和合作社特征。在参加合作社的农户中，绝大多数都表示合作社最初规定的合约定价制度能够降低其面临的价格风险，但实际上，最终执行的合约定价制度能够降低其面临的价格风险的情况只占少数，这意味着在合约履行过程中，合作社存在一定程度的机会主义行为。农户在参加合作社后，价格风险能否降低主要受到种植规模、与果品市场距离、苹果质量、有无熟人担任合作社职务、合作社领办主体身份、是否提供二次返利和是否提供技术服务等因素的影响。不仅如此，各个因素对农户参加合作社的价格风险配置影响程度、作用方向以及显著性水平均存在一定程度的差异。

第四，与市场交易情形相比，合作社内部交易合约安排能够降低农户交易成本并增加农户经营收益。在其他条件不变的情况下，通过参加合作社可以使农户交易成本降低约48元/亩，纯收益增加约321元/亩。合作社之所以能够降低农户交易成本，主要在于合作社分担了农户在农资采购环节和产品销售环节的部分信息费、运输费和时间成本；合作社之所以能够增加农户纯收益，主要是因为合作社集体采购的农业生产资料价格相对较低，质量能够得到保障，加上合作社对要素投入和产品质量的严格控制，均在一定程度上降低了农户的生产成本。

第五，合作社内部交易合约安排能够诱导农户合理调整肥料施用结构和降低农药施用强度，进而起到改善农业生态环境的作用。与非社员农户相比，社员农户的化肥施用水平要低344.6元/亩，有机肥施用水平要高 269.4 元/亩,农药施用强度要低 189.7 元/亩。合作社通过配方施肥技术指导、质量检测要求和产品定价制度等制度安排能够有效诱导农户提高有机肥投入比重。参加合作社有助于降低农户农药施用量,其作用机理在于农药残留检测、农药施用控制、合约定价制度和生产过程监督等合约安排。

9.2 政策启示

根据本研究的分析结论,可以得到如下几点政策启示:

第一,在加快合作社发展和提高农户组织化程度方面,可以通过以下措施提高农户参加合作社的积极性:①加快土地流转进程,促进果园规模化经营。政府要完善有关的土地流转政策,鼓励苹果种植能手采取转包、租赁等方式从其他一般农户手中取得土地经营权,以促进苹果种植大户的发展。②鼓励农户专业化种植,提高苹果收入比重。考虑到农户专业化种植将面临较高的资产专业性程度,也将面临更大的市场交易费用,政府应加强对苹果专业化种植地区市场的干预,遏制其他市场主体欺行霸市等机会主义行为。③加快农业新技术推广,提高苹果生产质量。政府应尽快建立精干高效的新型农技推广体系,造就业务精良的农技推广队伍,并配备功能完备的农技推广设施手段,从而形成行之有效的农技推广方式方法,从而提高农户生产的苹果质量。④规范合作社定价制度以保证农户收益增加。为了防止合作社内部"强者"对"弱者"的利益侵蚀,政府在大力鼓励合作社发展的同时,也应积极规范合作社内部治理,以谋求公平和效率目标的兼顾。

第二,为了保障农产品质量和提高交易绩效,合作社在处理与社员之间的交易关系时应注意以下几点:①当合作社专用性投资规模较大时,为了防止社员实施机会主义行为来侵蚀准租金,应当考虑增强对生产决策权的控制。②通过从外部聘请农技人员，可以弥补合作社在与生产决策有关的知识上的缺陷，减少因缺乏生产和管理技术而做出的错误决策，从而能够提高合作社控制生产决策权的效率。③合作社在调整市场战略的过程中，应当相应地调整内部交易的合约安排，即为了获取下游市场的产品质量溢价，合作社必须提高优质农产品的市场供应，这就要求其提高对生产决策权的控制程度，避免社员实施机会主义行为。④生产决策权对农户而言具有一定的非货币性溢价，因此合作社在获取生产决策权时就应当向农户支付适当的货币作为补偿，其中，产品交易时执行"市场价+附加价"式的合约定价制度不失为一种理想选择。

第三，合作社内部交易可以通过价格改进、二次返利和技术服务等多种途径来增加农户收益，其中，在合约定价制度上，合作社应注意以下几点：①尽量保证初始规定的合约定价制度与最终执行的合约定价制度相一致，以免削弱农户参加合作社的经济积极性，也有助于合作社内部信任机制的构建。②考虑到与规模较大的社员进行交易有助于节约合作社交易成本，合作社在与规模较大的社员交易时，可以适度提高价格风险的分担程度，从而实现双方交易效率的改进。③若社员交付的产品质量较高，为了防止这类社员退出合作社或货源流失至其他市场主体，合作社可以考虑提高价格风险分担程度，在保证社员优质农产品供应激励的同时，稳定合作社的优质货源，进而获取差价收益。④合作社向农户提供二次返利和技术服务具有激发农户参加合作社积极性的功能，此时双方交易采取"随行就市价"式合约定价制度的阻碍就会降低，这有助于合作社积累资本开拓市场，增强市场竞争能力，最终起到更好地为社员服务的作用。

第四，农户参加合作社的终极目的是实现利益最大化，其中包括交易成本的节约和经营收益的增加。在节约农户交易成本方面，合作社可以从两个方面着手：一是帮助农户降低在要素购买环节的信息费、运输费和时间成本，例如及时发布关于要素市场的价格信息、集体采购要素供应给农户等；二是降低农户花费在产品销售市场的信息费、运输费和时间成本，例如及时向农户提供产品销售市场的价格信息、提供主动上门收购服务等。而在增加农户经营收益方面，合作社也可以从两个方面着手：一是前面提到的执行"市场价+附加价"式合约定价制度，使农户单位产品获得更高的利益；二是通过向农户提供生产和管理方面的技术援助以提高单位面积的产品产量，进而获取更高的收益。

第五，合作社在诱导农户合理施肥和施药方面应注意交易合约安排的以下几个方面：①积极推行测土配方施肥技术，帮助农户从传统盲目施肥向科学施肥方式转变。②在收购环节努力搞好产品质量检测工作，对某些关键性的产品质量维度进行抽检，从而约束农户盲目施肥和施药行为。③在合约定价制度上尽量采用"市场价+附加价"，取代"随行就市价"，并且保证"附加价"与产品质量挂钩，以此诱导农户采取合理的施肥和施药行为。④某些与产品质量密切相关的农业化学品要素，应禁止或限制使用，合作社可以通过集体采购生产要素的方式来降低分散决策的监督成本。⑤合作社指定农技员向农户提供技术指导时，还可以使其发挥监督农户生产过程的作用，从而尽可能地约束农户实施机会主义行为，即违规施用合约禁止的高毒农药等生产要素。

9.3 进一步研究方向

由于掌握的资料有限，加之笔者研究能力和精力的限制，本研究还存在许多值得进一步深入的地方，大致包括以下方面：

第一，合作社内部交易的最优一体化程度。自交易成本概念引入经济分析以来，有关企业组织的一体化问题吸引了众多学者的关注。其中，Hart（1995）最早将资产的所有权理解为控制权，从而为理解企业组织的一体化问题提供了新的分析思路。现有文献在考察合作社内部交易的一体化问题时，更多的是考察合作社控制产品加工环节资产决策权的条件（Hendrikse & Veerman，2001；Hendrikse，2007），对合作社内部交易层面的决策权配置的研究相对缺乏。本研究在某种程度上弥补了现有文献的不足，但遗憾的是，关于生产决策权在合作社与农户之间的配置效率在此未能做出定量评价。笔者认为，这一问题尤为重要，应该予以特别关注。

第二，价格风险配置是合约安排的重要内容。作为众多分散农户集合的经济组织，合作社在资源禀赋和风险承受能力方面均强于单个农户，从激励的角度讲，"随行就市价"式合约定价制度可能缺乏效率。转型经济时期的中国农民专业合作社的形成和发展不仅具有"强者牵头、弱者参加"的特征，而且在"弱者"内部也存在较为明显的异质性倾向。因此，"市场价+附加价"式合约定价制度在某种程度上具备效率优势的同时，也带来了另外一个问题："附加价"如何进行确定？显然，采取"一刀切"的方式不仅容易忽视不同社员的风险厌恶系数和利益诉求差异，而且还可能增加合作社支付的风险租金规模，致使合作社内部交易的效率下降。但是，如果针对不同农户实施差别化的"附加价"策略，则又容易引起合作剩余分配不公，导致合作社资源配置的低效率。因此，在谋求农户与合作社之间价格风险配置效率的同时，如何兼顾公平目标是未来中国农民专业合作社进一步发展必须破解的难题。

参考文献

[1] 陈泽伟：《环境恶化食品安全》，《瞭望》，2008（38），23-24。

[2] 邓宏图、米献炜：《约束条件下合约选择和合约延续性条件分析——内蒙古塞飞亚集团有限公司和农户持续签约的经济解释》，《管理世界》，2002（12），120-127，151。

[3] 冯开文：《村民自治、合作社和农业产业化经营制度的协调演进》，《中国农村经济》，2003（2），45-50。

[4] 傅晨：《农民专业合作经济组织的现状及问题》，《经济学家》，2004（5），101-109。

[5] 高祥照、马常宝、杜森：《测土配方施肥技术》，北京：中国农业出版社，2005。

[6] 巩前文、张俊彪、李瑾：《农户施肥量决策的影响因素实证分析——基于湖北省调查数据的分析》，《农业经济问题》，2008（10），63-68。

[7] 顾和军、纪月清：《农业税减免政策对农民要素投入行为的影响——基于江苏省句容市的实证研究》，《农业技术经济》，2008（3），37-42。

[8] 郭红东、黄祖辉：《以兔业合作社为龙头促进农业产业化经营——新昌兔业合作社的实践与启示》，《中国农村经济》，2001（4），24-28。

[9] 郭红东、蒋文华：《影响农户参与专业合作经济组织行为的因素分析——基于对浙江省农户的实证研究》，《中国农村经济》，2004（5），10-16，30。

[10] 郭红东:《龙头企业与农户订单安排与履约:理论和来自浙江企业的实证分析》,《农业经济问题》,2006(2),36-42。

[11] 郭红东:《我国农户参与订单农业行为的影响因素分析》,《中国农村经济》,2005(3),24-32。

[12] 郭建宇:《农业产业化的农户增收效应分析——以山西省为例》,《中国农村经济》,2008(11),8-11。

[13] 国鲁来:《农业技术创新诱致的组织制度创新——农业专业协会在农业公共技术创新体系建设中的作用》,《中国农村观察》,2003(5),24-31。

[14] 何浩然、张林秀、李强:《农民施肥行为及农业面源污染研究》,《农业技术经济》,2006(6),2-10。

[15] 何坪华、杨名远:《农户经营市场交易成本构成与现状的实证分析》,《中国农村经济》,1999(6),40-44。

[16] 何坪华:《农产品契约交易中价格风险的转移与分担》,《新疆农垦经济》,2007(1),56-60。

[17] 胡定寰、陈志钢、孙庆珍、多念稔:《合同生产模式对农户收入和食品安全的影响——以山东省苹果产业为例》,《中国农村经济》,2006(11),17-24,41。

[18] 胡敏华:《农民理性及其合作行为问题的研究述评——兼论农民"善分不善合"》,《财贸研究》,2007(6),46-52。

[19] 黄季焜、齐亮、陈瑞剑:《技术信息知识、风险偏好与农民施用农药》,《管理世界》,2008(5),71-76。

[20] 黄胜忠:《转型时期农民专业合作社的组织行为研究——基于成员异质性的视角》,杭州:浙江大学出版社,2008。

[21] 黄祖辉、梁巧:《梨果供应链中不同组织的效率及其对农户的影响——基于浙江省的实证调研数据》,《西北农林科技大学学报》(社会科学版),2009(1),36-40。

[22] 黄祖辉、梁巧:《小农户参与大市场的集体行动——以浙江省箬横西瓜合作社为例的分析》,《农业经济问题》,2007(9),66-71。

[23] 黄祖辉、王祖锁:《从不完全合约看农业产业化经营的组织方式》,《农业经济问题》,2002(3),28-31。

[24] 黄祖辉、徐旭初、冯冠胜:《农民专业合作组织发展的影响因素分析——对浙江省农民专业合作组织发展现状的探讨》,《中国农村经济》,2002(3),13-21。

[25] 黄祖辉、徐旭初:《基于能力和关系的合作治理——对浙江省农民专业合作社治理结构的解释》,《浙江社会科学》,2006(1),60-66。

[26] 黄祖辉:《农民合作:必然性、变革态势与启示》,《中国农村经济》,2000(8),4-8。

[27] 黄祖辉:《中国农民合作组织发展的若干理论与实践问题》,《中国农村经济》,2008(11),4-7,26。

[28] 纪良纲、刘东英:《中国农村商品流通体制研究》,北京:冶金工业出版社,2006。

[29] 金雪军、王利刚:《地区专产性小品种农产品价格风险规避机制的演变》,《农业经济问题》,2004(12),50-54。

[30] 科斯等主编《契约经济学》,李凤圣主译,北京:经济科学出版社,1999。

[31] 孔祥智、张小林、庞晓鹏、马九杰:《陕、宁、川农民合作经济组织的作用及制约因素调查》,《经济理论与经济管理》,2005(6),52-57。

[32] 李丽、高鑫、程云行:《林农参与林业专业合作社的意愿与调查分析》,《林业经济问题》,2011(4),106-109。

[33] 廖建平:《再论高度重视农民专业合作组织的作用》,《农村合

作经济经营管理》，1999（10），26-29。

[34] 林坚、黄胜忠：《成员异质性与农民专业合作社的所有权分析》，《农业经济问题》，2007（10），12-17。

[35] 林坚、马彦丽：《农业合作社和投资者所有企业的边界——基于交易费用和组织成本角度的分析》，《农业经济问题》，2006（3），16-20。

[36] 林毅夫：《制度、技术与中国农业发展》，上海：上海三联书店、上海人民出版社，1994。

[37] 刘凤芹：《不完全合约与履约障碍——以订单农业为例》，《经济研究》，2003（4），22-30。

[38] 刘桂平、周永春、方炎等：《我国农业污染的现状及应对建议》，《国际技术经济研究》，2006（10），17-21。

[39] 刘晶、葛颜祥、王爱丽等：《我国农产品价格风险及其防范研究》，《农业现代化研究》，2004（6），438-441。

[40] 刘梅、杜丽丽、张晓：《基于 Logit 模型的农户有机肥施用意愿及影响因素分析——以山东为例》，《安徽农业科学》，2010，38（9），4827-4829。

[41] 刘学、马宏建：《研究开发联盟中的控制权配置：中国制药产业的研究》，《数量经济与技术经济》，2004（6），28-38。

[42] 卢向虎、吕新业、秦富：《农户参加农民专业合作组织意愿的实证分析——基于7省24市（县）农户的调研数据》，《农业经济问题》，2008（1），26-31。

[43] 罗必良、刘成香、吴小立：《资产专用性、专业化生产与农户的市场风险》，《农业经济问题》，2008（7），10-15。

[44] 马骥、白如龙、王姣：《农户氮素投入影响因素实证分析：以华北平原冬小麦为例》，《中国农业经济评论》，2005，3（4），398-404。

[45] 马骥:《农户粮食作物化肥施用量及其影响因素分析——以华北平原为例》,《农业技术经济》,2006 (6), 36-42。

[46] 马小勇:《中国农户的风险规避行为分析——以陕西为例》,《中国软科学》,2006 (2), 22-30。

[47] 马彦丽、林坚:《集体行动的逻辑与农民专业合作社的发展》,《经济学家》,2006 (2), 40-45。

[48] 马彦丽、孟彩英:《我国农民专业合作社的双重委托代理关系——兼论存在的问题及改进思路》,《农业经济问题》,2008 (5), 55-60。

[49] 马彦丽:《我国农民专业合作社的制度解析》,北京:中国社会科学出版社,2007。

[50] 宁满秀、吴小颖:《农业培训与农户化学要素施用行为关系研究——来自福建省茶农的经验分析》,《农业技术经济》,2011 (2), 27-34。

[51] 钱忠好:《节约交易费用:农业产业化经营成功的关键——对江苏如意集团的个案研究》,《中国农村经济》,2000 (8), 62-66。

[52] 乔榛、焦方义、李楠:《中国农村经济增长制度变迁与农业增长——对1978-2004年中国农业增长的实证分析》,《经济研究》,2006 (7), 73-82。

[53] 任大鹏、郭海霞:《合作社制度的理想主义与现实主义——基于集体行动理论视角的思考》,《农业经济问题》,2008 (3), 90-94。

[54] 生秀东:《订单农业契约风险的控制机制分析》,《中州学刊》,2007 (6), 54-57。

[55] 石敏俊、金少胜:《中国农村需要合作组织吗?沿海地区农户参加农民合作组织意向研究》,《浙江大学学报》(人文社会科学版),2004 (5), 35-44。

[56] 孙敬水：《试论订单农业的运行风险及防范机制》，《农业经济问题》，2003（8），44－47。

[57] 孙良媛：《农业产业化的经营风险与风险控制》，《华南农业大学学报》（社会科学版），2003（2），16－21。

[58] 孙鲁威：《合作社成为转变发展方式的重要组织力量》，《农民日报》2010年3月19日。

[59] 孙亚范：《现阶段我国农民合作需求与意愿的实证研究和启示——对江苏农户的实证调查与分析》，《江苏社会科学》，2003（1），206－208。

[60] 孙艳华、刘湘辉、周发明、周力：《生产合同模式对农户增收绩效的实证研究——基于江苏省肉鸡行业的调查数据》，《农业技术经济》，2008（4），57－64。

[61] 孙艳华、应瑞瑶、刘湘辉：《农户垂直协作的意愿选择及其影响因素分析——基于江苏省肉鸡行业的调查数据》，《农业技术经济》，2010（4），114－119。

[62] 孙艳华、周力、应瑞瑶：《农民专业合作社增收绩效研究——基于江苏省养鸡农户调查数据的分析》，《南京农业大学学报》（社科科学版），2007（2），22－27。

[63] 唐宗焜：《合作社功能和社会主义市场经济》，《经济研究》，2007（12），11－23。

[64] 王爱群、夏英、秦颖：《农业产业化经营中合同违约问题的成因与控制》，《农业经济问题》，2007（6），72－76。

[65] 王斌、刘有贵、曾楚宏：《信任对企业控制权配置的影响》，《经济学家》，2011（1），49－56。

[66] 王宏伟、张连忠、路克国：《有机肥对红富士苹果生产及品质的影响》，《安徽农业科学》，2009，37（28），13572－13573。

[67] 王华书、徐翔：《微观行为与农产品安全——对农户生产与居

民消费的分析》,《南京农业大学学报》(社科科学版),2004(4),23-28。

[68] 王克亚、刘婷、邹宇:《欠发达地区农户参与专业合作社意愿调查研究》,《经济纵横》,2009(7),71-73。

[69] 王新利、李世武:《农民专业合作经济组织的发展分析》,《农业经济问题》,2008(3),15-19。

[70] 王亚静、祁春节:《我国契约农业中龙头企业与农户的博弈分析》,《农业技术经济》,2007(5),25-30。

[71] 王彦:《合同组织形式与合作社组织形式对农户收入影响的比较分析》,《经济论坛》,2005(19),123-125。

[72] 王志刚、李腾飞、彭佳:《食品安全规制下农户农药使用行为的影响机制分析——基于山东省蔬菜出口产地的实证调研》,《中国农业大学学报》(自然科学版),2011,16(3),164-168。

[73] 卫龙宝、卢光明:《农业专业合作组织实施农产品质量控制的运行机制探析》,《中国农村经济》,2004(7),36-45。

[74] 吴德胜:《农业产业化中的契约演进——从分包制到反租倒包》,《农业经济问题》,2008(2),28-34。

[75] 吴林海、徐玲玲、王晓丽:《影响消费者对可追溯食品额外价格支付意愿与支付水平的主要因素——基于 Logistic、Interval Censored 的回归分析》,《中国农村经济》,2010(4),77-86。

[76] 吴淑秀、黄自文、张新文等:《江西鹰潭市测土配方施肥的调查与思考》,《中国农技推广》,2006(6),12-14。

[77] 吴秀敏、林坚:《农业产业化经营中契约形式的选择:要素契约还是商品契约———一种基于 G-H-M 模型的思考》,《浙江大学学报》(人文社会科学版),2004(9),13-19。

[78] 夏英、宋彦峰、濮梦琪:《以农民专业合作社为基础的资金互助制度分析》,《农业经济问题》,2010(4),29-33。

[79] 向国成、韩绍凤：《分工与农业组织化演进：基于间接定价理论模型的分析》，《经济学（季刊）》，2007（1），513-538。

[80] 徐健、汪旭辉：《订单农业及其组织模式对农户收入影响的实证分析》，《中国农村经济》，2009（4），39-47。

[81] 徐卫涛、张俊飚、李树明、周万柳：《循环农业中的农户减量化投入行为分析——基于晋、鲁、鄂三省的化肥投入调查》，《资源科学》，2010，32（12），2407-2412。

[82] 徐旭初：《中国农民专业合作经济组织的制度分析》，北京：经济科学出版社，2005。

[83] 徐志刚、张森、邓衡山等：《社会信任：组织产生、存续和发展的必要条件？——来自中国农民专业合作经济组织发展的经验》，《中国软科学》，2011（1），47-58。

[84] 徐忠爱：《关系性产权：公司和农户间契约关系稳定性的重要机制》，《江西财经大学学报》，2011（3），67-71。

[85] 徐忠爱：《社会资本嵌入：公司和农户间契约稳定性的制度保障》，《财贸经济》，2008（7），120-127。

[86] 杨惠芳：《嘉兴市农村专业合作经济组织的实践与思考》，《农业经济问题》，2005（3），67-69。

[87] 杨明洪：《"公司+农户"型产业化经营风险的形成机理与管理对策研究》，北京：经济科学出版社，2009。

[88] 尹世久、吴林海、陈默：《基于支付意愿的有机食品需求分析》，《农业技术经济》，2008（5），81-88。

[89] 尹云松、高玉喜、糜仲春：《公司与农户间商品契约的类型及其稳定性考察：对5家农业产业化龙头企业的个案分析》，《中国农村经济》，2003（8），63-67。

[90] 应瑞瑶、孙艳华：《江苏省肉鸡行业垂直协作形式的调查与分析》，《农业经济问题》，2007（7），17-21。

[91] 苑鹏:《中国农村市场化进程中的农民合作组织研究》,《中国社会科学》,2001(6),63-73。

[92] 曾明星、杨宗锦:《农民专业合作社最优内部交易价格模型与应用研究》,《开发研究》,2010(6),19-22。

[93] 战明华、吴小钢、史晋川:《市场导向下农村专业合作组织的制度创新——以浙江台州上盘镇西兰花合作社为例》,《中国农村经济》,2004(5),24-30。

[94] 张广胜、周娟、周密:《农民对专业合作社需求的影响因素分析——基于沈阳市200个村的调查》,《农业经济问题》,2007(11),68-73。

[95] 张利国:《垂直协作方式对水稻种植农户化肥施用行为影响分析——基于江西省189户农户的调查数据》,《农业经济问题》,2008(3),50-54。

[96] 张晓山、罗远信、国鲁来:《两种组织资源的碰撞与对接——四川射洪棉花协会的案例研究》,《中国农村经济》,2001(4),17-23。

[97] 张晓山、苑鹏:《合作经济理论与中国农民合作社的实践》,北京:首都经济贸易大学出版社,2009。

[98] 张晓山:《促进以农产品生产专业户为主体的合作社的发展——以浙江省农民专业合作社的发展为例》,《中国农村经济》,2004(11),4-10。

[99] 张晓山:《农民专业合作社的发展趋势探析》,《管理世界》,2009(5),89-96。

[100] 张晓雯:《农户对专业合作社依存性影响因素分析——基于山东等四省408户农户调查数据的分析》,《中央财经大学学报》,2011(1),44-49。

[101] 张云华、马九杰、孔祥智等:《农户采用无公害和绿色农药行

为的影响因素分析》,《中国农村经济》,2004(1),41-49。

[102] 赵佳荣:《农户对专业合作社的需求及其影响因素比较——基于湖南省两类地区农户的实证分析》,《中国农村经济》,2008(11),18-26。

[103] 赵西亮、吴栋:《农业产业化经营中商品契约稳定性研究》,《当代经济研究》,2005(2),70-72。

[104] 赵晓飞、李崇光:《"农户—龙头企业"的农产品渠道关系稳定性——基于演化博弈视角的分析》,《财贸经济》,2008(2),92-97。

[105] 赵晓飞、李崇光:《"农户—龙头企业"的农产品渠道关系稳定性:理论分析与实证检验》,《农业技术经济》,2007(5),15-24。

[106] 郑风田、赵阳:《我国农产品质量安全问题与对策》,《中国软科学》,2003(2),16-20。

[107] 郑江淮、胡小文:《商品契约还是要素契约:农业产业化组织模式的制度演进分析》,《产业经济学系讨论稿》No.071,南京大学,2009。

[108] 周峰、王爱民:《垂直协作方式对农户肥料使用行为的影响——基于南京市的调查》,《江西农业学报》,2007,19(4),124-126。

[109] 周峰、徐翔:《无公害蔬菜生产者农药使用行为研究——以南京为例》,《经济问题》,2008(1),94-96。

[110] 周洁红、刘清宇:《基于合作社主体的农业标准化推广模式研究——来自浙江省的实证分析》,《农业技术经济》,2010(6),88-97。

[111] 周洁红:《农户蔬菜质量安全控制行为及其影响因素分析——基于浙江省396户菜农的实证分析》,《中国农村经

济》,2006 (11),25-34。

[112] 周立群、曹利群:《农村经济组织形态的演变与创新——山东省莱阳市农业产业化调查报告》,《经济研究》,2001 (1),69-83。

[113] 周立群、曹利群:《商品契约优于要素契约——以农业产业化经营中的契约选择为例》,《经济研究》,2002 (1),14-19。

[114] 周曙东、戴迎春:《供应链框架下生猪养殖户垂直协作形式选择分析》,《中国农村经济》,2005 (6),30-36。

[115] 周应恒、彭晓佳:《江苏省城市消费者对食品安全支付意愿的实证研究——以低残留青菜为例》,《经济学(季刊)》,2006,5 (4),1319-1342。

[116] 朱红根、陈昭玖、翁贞林、刘小春:《稻作经营大户对专业合作社需求的影响因素分析——基于江西省385个农户调查数据》,《农业经济问题》,2008 (12),71-78。

[117] 祝宏辉:《新疆番茄产业实施订单农业生产方式的效果评析》,《农业技术经济》,2007 (3),89-95。

[118] Adesina, A. A., *Factors affecting the adoption of fertilizers of rice farmers in coredivoire*. Nutr. Cycl. Agroecosyst, 1996, 46 (2), 29-39.

[119] Albaek, S. & Scheltz, C., On the relative advantage of cooperatives. *Economic Letters*, 1998, 59 (2), 397-401.

[120] Alexander, C., Goodhue, R. E. &Rausser, G. C., Do incentives for quality matter? *Journal of Agricultural and Applied Economics*, 2007, 39 (1), 1-15.

[121] Andri, K. B. & Shiratake, Y., Evaluation of contract farming system between vegetable cultivated smallholder and agribusiness firm in East Java, Indonesia. *Review of Agricultural Economics Jouranl*, 2007, 57 (2), 13-28.

[122] Arruñada, B. , Garicano, L. & Vázquez, L. , Contractual allocation of decision rights and incentives: The case of automobile distribution. *Journal of Law, Economics, and Organization*, 2001, 17 (1), 256 - 283.

[123] Barton, D. , *Principles in cooperatives in agriculture*, edt. Cobia, D. Englewood Cliffs, N. J, Prentice - Hall, 1989.

[124] Barzel, Y. , Measurement cost and the organization of markets. *Journal of Law and Economics*, 1982, 25 (1), 27 - 48.

[125] Bellemare, M. F. , Agricultural extension and imperfect supervision in contract farming: Evidence from Madagascar. *Agricultural Economics*, 2010, 41 (6), 507 - 517.

[126] Bijman, W. & Hendrikse, G. , Co - operatives in chains: Institutional restructuring in the Dutch fruit and vegetable industry. *Journal on Chain and Network Science*, 2003, 3 (2), 95 - 107.

[127] Birthal, P. S. , Jha, A. K. , Tiongco, M. , et al. , Improving farm - to - market linkages through contract farming: A case study of smallholder dairying in India, IFPRI Discussion Paper 00814, 2008.

[128] Birthal, P. S. , Jha, A. K. , Tiongco, M. M. , et al. , Farm - level impacts of vertical coordintion of the food supply chain: Evidence from cotract farming of mick in India. *India Journal of Agricultural Economics*, 2009, 64 (3), 481 - 496.

[129] Birthal, P. S. , Joshi, P. K. & Gulati, A. , Vertical coordination in high - Value food commodities: Implications for smallholders. In Joshi, P. K. , Gulati, A. & R. Cummings Jr. (eds.), *Agricultural diversification and smallholders in South Asia*. New Delhi: Academic Foundation, 2007.

[130] Birthal, P. S. , Joshi, P. K. , & Gulati, A. , Vertical coordination in

high - value commodities: Implications for smallholders. MTID Discussion Paper, International Food Policy Research Institute, 2005.

[131] Bogetoft, P. & Olesen, H. B., Ten rules of thumb in contract design: Lessons from Danish agriculture. *European Review of Agricultural Economics*, 2002, 29 (2), 185 - 204.

[132] Bolwig, S., Gibbon, P. & Jones. S., The economics of smallholder organic contract farming in tropical Africa. *World Development*, 2009, 37 (6), 1094 - 1104.

[133] Cakir, M., Balagtas, J. V. & Wu, S., Allocation of authority in agricultural production contracts. Selected paper for Agricultural and Applied Economics Association, Milwaukee, Wisconsin, July 26 - 28, 2009.

[134] Carriquiry, M. & Babcock, B. A., *Reputation, quality observability, and the choice of quality assurance systems*. Working Paper, Center for Agricultural and Rural Development, Iowa State University, 2004.

[135] Chang, C., Chen C., Chin, M., et al., Is contract farming more profitable and efficient than non - contract farming: A survey study of rice farms in Taiwan. Selected paper prepared for presentation at the American Agricultural Economics Association Annual Meeting, Long Beach, California, July 23 - 26, 2006.

[136] Chirwa, E. W., *Sources of technical efficiency among smallholder maize farmers in southern Malawi*. Department of Economics, Chancellor College, Zomba, Malawi, 2003.

[137] COGECA. Agricultural co - operation in the European Union: Issues and trends. http://www.ccae.es, 2000.

[138] Curtis, K. & McCluskey, J., Contract incentives in the pro-

cessed potato industry, proceedings of the Food Systems Research Conference, June 26 – 27, Madison, 2003.

[139] David, H., *Venture capitalists and cooperative start – up commercialization strategy*. University of Pennsylvania, Reginald Jones Center Lunch, Philadelphia PA, 2004.

[140] Davis, C. G. & Gillespie, J. M., Factors affecting the selection of business arrangements by hog producers in the United States. *Review of Agricultural Economics*, 2007, 29 (2), 331 – 348.

[141] Deller, S., Hoyt, A., Hueth, B., et al., Research on the economic impact of cooperatives. Working Paper, 2009.

[142] Dileep, B. K., Grover, R. K. & Rai, K. N., Contract farming in tomato: An economic analysis. *Indian Journal of Agricultural Economics*, 2002, 52 (2), 197 – 210.

[143] Drake, B. & Mitchell, T., The effects of vertical and horizontal power on individual motivation and satisfaction. *Academy of Management Journal*, 1977, 20 (4), 573 – 591.

[144] Dul, J. & Hak, T., *Case study methodology in business research*. Oxford: Elsevier/ Butterworth – Heinemann, 2008.

[145] Eaton, C. S. & Shepherd, A. W., Contract farming – Partnerships for growth. AGS Bulletin No. 145. Rome: Food and Agriculture Organization, 2001.

[146] Egyir, I. S., Anno – Nyako, F. O. & Babful, B., Assessing the factors of adoption of agrochemicals by plantain farmers in Ghana. *Economy*, 2011, 5 (1), 83 – 97.

[147] Elfenbein, D. W. & Lerner, J., Ownership and control rights in internet portal alliances. *RAND Journal of Economics*, The RAND Corporation, 2003, 34 (2), 356 – 369.

[148] Enander, J., Melin, A. & Nilsson, J., Socila influences in forest owners' choice between cooperative and investor – owned buyers. http://pub – epsilon. slu. se/4257/, 2009.

[149] Feng, L. & Hendrikse, G., On the nature of a cooperative: A system of attributes perspective. In Hendrikse, G., & Tuunanen, M. (eds.), *Strategy and governance of networks*. Heidelberg: Physica – Verlag, 2008.

[150] Fernandez – Olmos, M., Rosell – Martinez, J. & Espitia – Escuer, M. A., Vertical integration in the wine industry: A transaction costs analysis on the Rioja DOCa. *Agribusiness*, 2009, 25 (2), 231 –250.

[151] Franken, J. R., Pennings, J. M. E. & Garcia, P., Do transaction costs and risk preferences influence marketing arrangements in the Illinois hog industry? *Journal of Agricultural and Resource Economics*, 2009, 34 (2), 297 – 315.

[152] Fulton, A. & Clark, R., Farmer decision making under contract farming in northern Tasmania. In Burch, D., Rickson, R. E., and Lawrence, G. (eds.), *Globalisation and agri –food restructuring: Perspectives from the Australasia Region*. Brookfield (USA), Avebury, 1996, 219 – 237.

[153] Fulton, M. & Giannakas, K., Organizational commitment in a mixed oligopoly: Agriculral cooperatives and investor – owned firms. *American Journal of Agricultural Economics*, 2001, 83 (5), 1258 –1265.

[154] Galdeano, E., Cespedes, J. & Rodriguez, M., Productivity and quality: Environmental changes in marketing cooperatives: An analysis of the horticultural sector. Presented at the XIth Congress of the European Association of Agricultural Economics, Copenhagen, 2005.

[155] Giannakas, K. & Fulton, M., Process innovation activity in a

mixed oligopoly: The role of cooperatives. *American Journal of Agricultural Economics*, 2005, 87 (4), 406 – 422.

[156] Glover, D. & Kusterer, K., *Small farmers, big business: Contract farming and rural development*, Macmillan, London, 1990.

[157] Goldsmith, A., The private sector and rural development: Can agribusiness help the small farmer? *World Development*, 1985, 13 (10), 1125 – 1138.

[158] Goodhue, R., Broiler production contracts as a multi – agent problem: Common risk, incentives and heterogeneity. *American Journal of Agricultural Economics*, 2000, 82 (3), 606 – 622.

[159] Goodhue, R., Input control in agricultural production contracts. *American Journal of Agricultural Economics*, 1999, 81 (3), 616 – 620.

[160] Grosh, B., Contract farming in Africa: An application of the new institutional economics. *Journal of African Economies*, 1994, 3 (2), 231 – 261.

[161] Grossman, S. & Hart, O., The costs and benefits of ownership: A theory of vertical and lateral integration. *Journal of Political Economy*, 1986, 94 (1), 691 – 719.

[162] Grossman, S. J. & Hart, O., Implicit contracts under asymmetric information. *The Quarterly Journal of Economics*, 1983, 98 (3), 123 – 156.

[163] Guo, H., Jolly, R. & Zhu, J., Contract farming in China: Supply chain or ball and chain? Paper presented at Minnesota International Economic Development Conference, University of Minnesota, April 29 – 30, 2005.

[164] Han, H., & Zhao, L., Farmers' character and behavior of fertilizer application: Evidence from a survey of Xinxiang county, Henan prov-

ince. *Agricultural Science in China*, 2009, 8 (10), 1238 -1245.

[165] Hart, O. & Moore, J., Property rights and the nature of the firm. *Journal of Political Economy*, 1990, 98 (2), 1119 - 1158.

[166] Hart, O., *Firms, contracts and financial structure*. Oxford: Clarendon Press, 1995.

[167] Hayek, F. A., The nature and history of the problem. In Hayek, F. A. (eds) *Collectivist cconomic planning*. Routledge: London, 1945.

[168] Hegde, S. A., Risk sharing in poultry contracts. Paper presented for presentation at the American Agricultural Economics Association Annual Meeting, Chicaga, USA, August 5 - 8, 2001.

[169] Hendrikse, G. & Veerman, C., Marketing co - operatives: An incomplete contracting perspective. *Journal of Agricultural Economics*, 2001, 52 (1), 53 -64.

[170] Hendrikse, G. & Bijman, W., Ownership structure in agrifood chains: The marketing cooperative. *American Journal of Agricultural Economics*, 2002, 84 (1), 104 -119.

[171] Hendrikse, G., Contingent control rights in agricultural cooperatives. Strategies for Cooperatiton. Shaker Verlag, 2005, 385 -294.

[172] Hendrikse, G., Governance of chains and networks: A research agenda. *Journal on Chain and Network Science*, 2003, 3 (1), 1 -6.

[173] Hendrikse, G., Two vignettes regarding boards in cooperatives versus corporations: Irrelevance and incentives. In Kostas Karantininis and Jerker Nilsson (eds.), *Vertical markets and cooperative hierarchies*, Dordrecht: Springer, 2007.

[174] Holmstrom, B. and Milgrom, P., Multitask principal - agent analyses: Incentive contracts, asset ownership, and job design.

Journal of Economics and Organization, 1991, 7 (2), 24 – 48.

[175] Holmstrom, B. & Milgrom, P., The firm as an incentive system. *The American Economic Review*, 1994, 84 (4), 972 – 991.

[176] Holmstrom, B., Moral hazard and observability. *Bell Journal of Economics*, 1979, 10 (1), 74 – 91.

[177] Horowitz, J. K. & Lichtenberg, E., Insurance, moral hazard, and chemical use in agriculture. *American Journal of Agricultural Economics*, 1993, 75 (4), 926 – 935.

[178] Hu Y. M. & Hendrikse, G., Allocation of decision rights in fruit and vegetable contracts in China. *Studies of Management and Organization*, 2009, 39 (4), 8 – 30.

[179] Hueth, B. & Ligon, E., Producer price risk and quality measurement. Staff General Research Papers 5037, Iowa State University, Department of Economics, 1999.

[180] Hueth, B., Ligon, E., Wolf, S., *et al.*, Incentive instruments in fruit and vegetable contracts: Input control, monitoring, measuring, and price risk. *Review of Agriculral Economics*, 1999, 21 (2), 374 – 389.

[181] Jacobson, M., Contract farming, rural livelihoods and development in Sub – Saharan Africa. Lund University, School of Economics and Management, Bachelor Thesis, 2010.

[182] James, J. H. S. & Sykuta, M. E., Property right and organizational characteristics of producer owned firms and organizational trust. *Annals of Public and Cooperative Economics*, 2006, 76 (4), 545 – 580.

[183] Jensen, M. & Meckling, W., Theory of the firm, managerial behavior, agency costs, and capital structure. *Journal of Financial Economics*, 1976, 34 (3), 305 – 360.

[184] Jensen, M. C. & Meckling, W. H. , Specific and general knowledge and organizational structure. In Werin, L. & Wijkander, H. (eds.) *Contract economics*, Blackwell: Oxford; 1992, 251 – 274.

[185] Jia X. , Hu, Y. , Hendrikse, G. , et al. , Centralized versus individual: Governance of farmer professional cooperatives in China. Paper presented for presentation IAMO Forum "Institutions in transition: Challenges for new modes of governance", Halle (Saale), Germany, June 16 – 18, 2010.

[186] Kalogeras, N. , Pennings, J. , Van Dijk, G. , et al. , The structure of marketing cooperative: A members' perspective. In K. Karantininis & J. Nilsson (eds.), *Vertical markets and cooperative hierarchies*, dordrecht. The Netherlands: Springer Academic Publications, 2007.

[187] Karantininis, K. & Graversen, J. T. , Relational contracts and adaptation: Application to a pork producer contract. *Agribusiness*, 2008, 24 (3), 342 – 354.

[188] Karantininis, K. , Graversen, J. & Rasmussen, H. Relational contracting and allocation of decision rights in the agri – food industry: Producer contracts and food safety. Paper Presented at the 2nd International European Forum on System Dynamics and Innovation in Food Networks, Igls/Innsbruck, Austria, February 18 – 22, 2008.

[189] Karantinis, K. & Zago, A. , Endogenous membership in mixed duopolies. *American Journal of Agriculral Economics*, 2001, 83 (5), 1266 – 1272.

[190] Karli, B. , Bilgic, A. & Celik, Y. , Factors affecting farmers' decision to enter agricultural cooperatives using random utility

model in the south eastern anatolian region of Turkey. *Journal of Agriculture and Rural Development in the Tropics and Subtropics*, 2006, 107 (3), 115 – 127.

[191] Key, N. & Runsten, D. , Contract farming, smallholders and rural development in Latin America: The organization of agro – processing firms and the scale of outgrower production, *World Development*, 1999, 27 (2), 381 – 401.

[192] Key, N. , How much do farmers value their independence? *Agricultural Economics*, 2005, 33 (1), 117 – 126.

[193] Klein, B. , Crawford, R. G. & Alchian, A. A. , Vertical integration, appropriable rents and the competitive contracting process. *Journal of Law and Econonzics*, 1978, 21 (2), 297 – 326.

[194] Knoeber, C. R. & Thurman, W. N. , Don't count your chickens... risk and risk shifting in the broiler industry. *American Journal of Agriculral Economics*, 1995, 77 (1), 486 – 496.

[195] Kuiper, W. E. , Kuwornu, J. K. & Pennings, J. M. , Contracting and risk analysis in the marketing channel. Paper presented for presentation at the American Agricultural Economics Association Annual Meeting, Montreal, Canada, July 27 – 30, 2003.

[196] Kuwornu, J. K. , Kuiper, W. E. & Pennings, J. M. , Agency problem and hedging in agri – food chains: model and application. *Journal of Marketing Channels*, 2009, 16 (3), 265 – 289.

[197] Laffont, J. & Tirole, J. , *A theory of incentives in procurement and regulation*. MIT Press, 1993.

[198] Lagat, J. K. , Ithinji, G. K. & Buigut, S. K. , Determinants of the adoption of water harvesting technologies in the marginal areas of Nakuru district, Kenya: The case of trench and water pan tech-

nologies. Eastern Africa Journal of Rural Development, 2003, 19 (1), 25 – 32.

[199] Lerner, J. & Merges, R. P., The control of strategic alliances: An empirical analysis of biotechnology collaborations. Working Papers 6014, National Bureau of Economic Research, Inc, 1997.

[200] Liang, Q., Hendrikse, G. & Huang, Z. H., Value added efficiency and governance structure: Evidence from the pear industry in China's Zhejiang province. The 4th International Conference on Economics and Management of Networks, Sarajeva University, Bosnia and Herzegovina, 2009.

[201] Little, P. D. & Watts, M. J., *Living under contract*. Madison, WI: University of Wisconsin Press, 1994.

[202] Lyons, B., Empirical relevance of efficient contract theory: Inter – firm contracts. *Oxford Review of Economic Policy*, 1996, 12 (4), 27 – 52.

[203] MacDonald, J., Perry, J., Ahearn, M., *et al.*, Contracts, markets, and prices: organizing the production and use of agriculture commodities. Agricultural Economic Report No. 837, USDA, 2004.

[204] Makokha S., Kimani, S. K., Verkuijl, H., *et al.*, Determinants of fertilizers and manure use in maize production in Kiambu district, Kenya. Mexico, D. F. International Maize and Wheat Improvement Centre and Kenya Agricultural Research Institute, 2001.

[205] Marenya, P. & Barrett, C., Farmers' perceptions of soil fertility and fertilizer yield response in Kenya. Working Paper, Cornell University, 2008.

[206] Martin, L. L., Production contracts, risk shifting, and relative performance payments in the pork industry. *Journal of Agricultural*

and Applied Economics, 1997, 29 (4), 267 – 278.

[207] Martino, G., Trust and Contracting in agri – food hybrid structures, Paper prepared for presentation at the 1st International European Forum on Innovation and System Dynamics in Food Networks Officially endorsed by the EAAE, Innsbruck – Igls, Austria February 15 – 17, 2007.

[208] Mary, A., Banker, D. & MacDonald J., Price and nonprice terms in US agricultural contracts. Paper prepared for presentation at the American Agricultural Economics Association Annual Meeting, Montreal, Canada, July 27 – 30, 2003.

[209] Masakure, O. & Henson, S., Why do small – scale producers choose to produce under contract? Lessons from nontraditional vegetable exports from Zimbabwe. *World Development*, 2005, 33 (10), 1721 – 1733.

[210] Mcbride, G., Agricultural cooperatives. their why and their how, Westport, CT, AVI Publ, 1986.

[211] Mighell, R. & Jones, L., Vertical coordination in agriculture. US Department of Agriculture, Economic Research Service, Farm Economics Division, Working Paper, 1963.

[212] Milgrom, P. & Roberts, J., Economics, organizations and management. Englewood Cliffs, N. J: Prentice – Hall, 1992.

[213] Minot, N., Contract farming in developing countries: Patterns, impact, and policy implications. Case study of the program: "Food Policy for Developing Countries: The Role of Government in the Global Food System". Cornell University, New York, 2007.

[214] Minot, N., Contract farming in sub – Saharan Africa: Opportunities and challenges. Prepared for the policy seminar: "Smallhold-

er – led agricultural commercialization and poverty reduction: How to achieve It?", Kigali, Rwanda, 2011.

[215] Minot, N. W., Contract farming and its effect on small farmers in less developed countries. Paper provided by Michigan State University, Department of Agricultural, Food and Resource Economics in its series Food Security International Development Working Papers with number 54740, 1986.

[216] Minten, B., Randrianarison, L. & Swinnen, J., Global retail chains and poor farmers: Evidence from Madagascar. *World Development*, 2009, 37 (11), 1728 – 1741.

[217] Mishra, A. R., Nimon, M. & El – Osta, H., Is moral hazard good for the environment? Revenue insurance and chemical input use. *Journal of Environmental Management*, 2005, 74 (1), 11 – 20.

[218] Miyata, S., Minot, N. & Hu, D. H., Impact of contract farming on income: Linking small farmers, packers and supermarkets in China, IFPRI Discussion Paper 742, 2008.

[219] Mumdziev, N. & Windsperger, J., The structure of decision rights in franchising networks: A property rights perspective. *Entrepreneurship Theory and Practice*, 2011, 35 (3), 449 – 465.

[220] Neira, I. & Quagrainie, K. K., Analysis of risk behavior in the U. S. farm – raised catfish market. *Marine Resource Economics*, 2007, 21 (4), 433 – 443.

[221] Nilsson, J., Cooperative issues in Nordic research. *Annals of Public and Cooperative Economics*, 1994, 65 (1), 149 – 178.

[222] Nkamleu, G. B. &Adesina, A. A., Determinants of chemical input use in Peri – Urban lowland systems. Bivariate probit analysis in Cameroon. Agric. Syst., 2000, 63 (1), 111 – 121.

[223] Olesen, H. B., Contract Production of Peas. *Food Policy*, 2003, 18 (3), 83 -94.

[224] Ortmann, G. F. & King, R. P., Agricultural cooperatives I : History, theory and problems. Agrekon, 2007, 46 (1), 40 -68.

[225] Pannell, D. J. & Nordblom, T. L., Impact of risk aversion on whole - farm management in Syria. *The Australian Journal of Agriculral and Resource Economics*, 1998, 42 (3), 227 -247.

[226] Pascucci, S. & Gardebroek C., Some like to join, others to deliver. An econometric analysis of farmers' relationships with agricultural co - operatives. Paper presented for presentation at the 114th EAAE Seminar "Structural change in agriculture", Berlin, Germany, April 15 - 16, 2010.

[227] Pattison, D., Agricultural cooperatives in selected transitional countries. Discussion paper, International Cooperatives Agricultural Organization, 2000.

[228] Porter, G., & Phillips - Howard, K., Comparing contracts: An evaluation of contract farming schemes in Africa. *World Development*, 1997, 25 (2), 227 -238.

[229] Ramaswami, B., Birthal, P. & Joshi, K., Efficiency and distribution in contract farming: The case of Indian poultry growers. Indian Statistical Institute, Planning Unit, New Delhi Discussion Papers 05 - 01, Indian Statistical Institute, New Delhi, India, 2005.

[230] Rangi, P. S., & Sidhu, M. S., A study on contractfarming of tomato in Punjab. *Agricultural Marketing*, 2000, 42 (4), 15 -23.

[231] Raynaud, E., Sauvee, L. & Valceschini, E., Aligning branding strategies and governance of vertical transactions in agri - food chains. *Industrial and Corporate Change*, 2009, 18 (5), 835 -868.

[232] Raynaud, E., Sauvee, L. & Valceschini, E., Alignment between quality enforcement devices and governance structures in the agro-food vertical chains. *Journal of Management and Governance*, 2005, 9 (1), 47-77.

[233] Saigenji, Y. & Zeller, M., Effect of contract farming on productivity and income of small holders: The case of tea production in north-western Vietnam. Contributed Paper prepared for presentation at the International Association of Agricultural Economists Conference, Beijing, China, August 16-22, 2009.

[234] Satish, P., Contract Farming as a backward linkage for agro-processing: Experiences from Punjab. paper presented at the 63th annual conference of the ISAE held at Bhubaneswar, 2003.

[235] Setboonsarng, S., Leung, P. & Stefan, A., Rice contract farming in Lao PDR: Moving from subsistence to commercial agriculture. ADB Institute Discussion Paper No. 90, 2008.

[236] Sexton, R. J. & J. Iskow., Factors critical to the success or failure of emerging agricultural cooperatives. Giannini Foundation Information Series No. 88-3. Division of Agriculture and Natural Resources, University of California, June 1988.

[237] Simmons, P., Winters, P. & Patrick, I., An analysis of contract farming in East Java, Bali, and Lombok, Indonesia. *Agricultural Economics*, 2005, 33 (1), 513-525.

[238] Singh, S., Contracting out solutions: Political economy of contract farming in the Indian Punjab. *World Development*, 2002, 30 (9), 1621-1638.

[239] Smil, V., *Enriching the earth: Fritz haber, carl bosch, and the transformation of word food*, MIT Press, 2001.

[240] Smith, V. H. & Goodwin, V. K. , Crop insurance, moral hazard and agricultural chemical use. *American Journal of Agricultural Economics*. 1996, 78 (2), 428 – 438.

[241] Staatz, J. M. , Cooperative: A theoretical perspective on the behavior of farmers. Ph. D. Diesertation, Michgan State University, 1984.

[242] Sykuta, M. & Cook, M. , A new institutional economics approach to contracts and cooperatives. *American Journal of Agricultural Economics*, 2001, 83 (5), 1273 – 1279.

[243] Sykuta, M. & Parcell, J. , Contract structure and design in identity preserved soybean production, *Review of Agricultural Economics*, 2003, 25 (2), 332 – 350.

[244] Tatlidil, F. F. & Akturk, D. , Comparative analysis of contract and non – contract farming model in tomato production. *Journal of Agronomy*, 2004, 3 (4), 305 – 310.

[245] Tirole, J. , The multicontract organization. *Canadian Journal of Economics*, 1988, 21 (3), 459 – 466.

[246] Torres, G. , *The force of irony: Power in theeveryday life of Mexican tomato workers*. Oxford: Berg, 1997.

[247] Tripathi, R. S. , Singh, R. & Singh, S. , Contract farming in potato production: An alternative for managing risk and uncertainty. *Agricultural Economics Research Review*, 2005, 18 (1), 47 – 60.

[248] Vukina, T. & Leegomonchai, P. , Oligopsony power, asset specificity and hold – up: Evidence from the broiler industry. *American Journal of Agricultural Economics*, 2006, 88 (3), 589 – 605.

[249] Waining, M. , & Key, N. , The social performance and distributional consequences of contract farming: An equilibrium analysis of the Arachide de Bouche Program in Senegal. *World Development*,

2002, 30 (2), 255 - 263.

[250] Warning, M. & Key, N., The social performance and distributional consequences of contract farming: An equilibrium analysis of the Arachide De Bouche Program in Senegal. *World Development*, 2002, 30 (2), 255 - 263.

[251] Williamson, O. E., Comparative economic organization: The analysis of discrete structural alternatives. *Administrative Science Quarterly*, 1991, 36 (2), 269 - 296.

[252] Williamson, O. E., Economic organization: The case for candor. *The Academy of Management Review*, 1996, 21 (1), 48 - 57.

[253] Williamson, O. E., *Markets and hierarchies: Analysis and antitrust implications*. New York: Free Press, 1975.

[254] Williamson, O. E., *The economic institutions of capitalism*. New York: Free Press, 1985.

[255] Williamson, O. E., Transaction - cost economics: The governance of contractual relations. *Journal of Law and Economics*, 1979, 22 (1), 233 - 261.

[256] Windsperger, J., Allocation of decision rights in joint ventures. *Managerial and Decision Economics*, 2009, 30 (8), 491 - 501.

[257] Windsperger, J., The structure of ownership rights in franchising: An incomplete contracting view. *European Journal of Law and Economics*, 2002, 13 (3), 129 - 142.

[258] Winter - Nelson, A. & Temu, A., Impacts of prices and transactions costs on input usage in a liberalizing economy: Evidence from Tanzanian coffee growers. *Agricultural Economics*, 2005, 33 (3), 243 - 253.

[259] Wolf, S. B., Hueth, B. & Ligon, E., Policing mechanisms in ag-

ricultural contracts. *Rural Sociology*, 2001, 66 (2), 359 – 381.

[260] Wooldridge, J. M., *Econometric Analysis of Cross Section and Panel Data*, MIT Press, 2002.

[261] Yin, R., Case study research: Design and methods. Thousand Oaks, CA: Sage, 2002.

[262] Yu, J., Quality provison and farmer inclusion of agricultural cooperatives. Paper presented at the 27th International Association of Agricultural Economics Conference, Beijing, China, August 16 – 22, 2009.

[263] Zerfu, D. & Larson, D. F., Incomplete markets and fertilizer use: Evidence from Ethiopia, 2011, available at: http:// www. csae. ox. ac. uk/ conferences/2011 – EdiA/ papers/ 009 – Zerfu. pdf.

[264] Zhang, W. L., Tian, Z. X., Zhang, N., *et al.*, Nitrate pollution of groundwater in northern China. *Agriculture Ecosystems and Environment*, 1996, 59 (1), 223 – 231

[265] Zhong, F., Ning, M. & Xing, L., Does crop insurance influence agrochemical uses under current Chinese situations? A case study in the Manasi watershed, Xinjing. *Agricultural Economics*, 2007, 36 (1), 103 – 112.

[266] Zhou, J. & Jin, S., Safety of vegetables and the use of pesticides by farmers in China: Evidence from Zhejiang province. *Food Control*, 2009, 20 (11), 1043 – 1048.

附　录

苹果种植户调查问卷
（2009 – 2010）

农户编号　＿＿＿＿＿＿＿＿＿＿＿＿＿＿＿＿＿
县（市）　＿＿＿＿＿＿＿＿＿＿＿＿＿＿＿＿＿
乡（镇）　＿＿＿＿＿＿＿＿＿＿＿＿＿＿＿＿＿
村　　　　＿＿＿＿＿＿＿＿＿＿＿＿＿＿＿＿＿
受访者姓名　＿＿＿＿＿＿＿＿＿＿＿＿＿＿＿＿
访谈时间　＿＿＿：＿＿＿－＿＿＿：＿＿＿
联系电话　＿＿＿＿＿＿＿＿＿＿＿＿＿＿＿＿＿
调查员姓名　＿＿＿＿＿＿＿＿＿＿＿＿＿＿＿＿
填表时间　＿＿＿＿＿＿＿＿＿＿＿＿＿＿＿＿＿
复核员姓名　＿＿＿＿＿＿＿＿＿＿＿＿＿＿＿＿

调查员：

（1）请向受访者强调，问卷所指的 2009 年指生产年度，即从 2008 年采完苹果开始到 2009 年采完苹果为止的生产周期。

（2）请告诉受访者："感谢您接受我们的访谈，所有内容将严格保密并仅用于学术研究，不涉及任何商业用途。您的个人资料不会以任何形式在任何地方出现，仅用于补充必要的信息时便于我们联系您。"

（3）"其他"/"不知道"/"NA"：所有"其他"均需说明具体情况，受访者明确表示不知道答案的问题填"不知道"，经过调查员努力也无法获取答案的问题填"NA"。

（4）本问卷中的"当地"除特别说明外，均指本县（或县级市）。

A. 基本信息

1. 户主性别_____（1＝男；2＝女）、户主年龄_____岁、户主受教育年限_____（1＝小学及以下；2＝初中；3＝高中或中专；4＝大专及以上）、户主是否为村干部_____（1＝是；2＝否）。

2. 家庭总人口数量_____人，其中农业劳动力数量_____人，常年在外务工人数_____人。

3. 家庭年均总收入为_____。

  （1）＜8000 元　（2）8000～16000 元

  （3）16000～24000 元　（4）24000～32000 元

  （5）≥32000 元

4. ◇家庭农业年收入为_____。

  （1）＜5000 元；（2）5000～10000 元；

  （3）10000～15000 元；（4）15000～20000 元；

  （5）≥20000 元

  ◇家庭年收入构成。农业收入：粮食作物收入_____元，所占家庭收入比重_____；

  畜牧、养殖业收入_____元，所占家庭收入比重_____；

  苹果种植收入_____元，所占家庭收入比重_____；

  其他经济作物收入_____元，所占家庭收入比重_____。

◇非农收入占家庭收入比重_____（＜25% =1；25% ~50% =2；50% ~75% =3；≥75% =4）；

其中，自营业收入_____元；打工收入_____元；工资性收入_____元；其他收入_____元。

B. 生产特征

1. 种植苹果年限_____年，目前种植规模为_____亩，主要品种为_____，苹果质量_____（1 =差；2 =一般；3 =良好；4 =优）。

    （1）红富士（2）嘎啦（3）乔纳金

    （4）红星（5）红将军（6）金冠（7）其他

2. 从事苹果种植是否享受政府扶持_____（1 =是；2 =否）；若是，扶持的内容是什么，请说明_____；选择种植苹果的最主要原因是_____。

    （1）经济收益较高（2）政府政策扶持

    （3）管理简易便捷（4）市场前景好

3. ◇是否参加苹果种植保险_____（1 =是；2 =否）；若选是，于_____年参加苹果种植保险，属于_____（1 =政策性保险；2 =商业保险），若为商业保险，请说明投保公司名称_____；

    ◇目前，苹果种植每亩保险金额为_____元、保险费率为_____%、每亩保费为_____元（其中自己负担_____元，政府补贴_____元）；

    ◇是否有过理赔经历_____（1 =是；2 =否），若有，苹果种植的自然灾害损失比例的确定依据或方式，请说明_____，理赔起赔点为_____%。

4. 假设您参加某种活动获得一笔奖金，要求在以下获奖方式中做出选择。您会选择_____。

（1） 立即拿到 1000 元

（2） 50%的机会赢取 2000 元

（3） 5%的机会拿到 20000 元

5. ◇您是否愿意扩大苹果种植规模_____（1 = 是；2 = 否）；若是，其主要原因是_____；

（1） 经济收益较高 （2） 政府扶持力度不断加强

（3） 管理简便 （4） 市场前景看好

◇扩大苹果种植规模存在哪些困难（可多选）_____，其中最主要的困难是_____；

（1） 市场约束 （2） 自然风险较大 （3） 资金约束

（4） 自身技术劣势 （5） 土地可得规模限制

（6） 土地质量限制

◇若规模扩张存在土地约束，主要原因是（可多选）_____。

（1） 土地流转不足，耕地规模难以扩大

（2） 土壤质地不适合苹果种植

（3） 地形不适合苹果种植

（4） 政府部门对耕地使用有限制

6. 扩大新栽苹果种植园，通常需要_____年挂果；在挂果前，需要投入前期成本（见表）。请说明：

	成本项	成本/亩		成本项	成本/亩
①	树苗成本		④	土地租金	
②	化肥成本		⑤	农药成本	
③	灌溉费用		⑥	管理成本（翻地、机械等）	

⑦若扩大 1 亩苹果园的土地用于种植其他最适宜作物，保守估计每年的纯收益约为_____元

7. 苹果种植的地块特征，见下表：

项目类别		附加说明	地块编码				
			①	②	③	④	⑤
面积		单位：亩					
产权		①自有；②租用					
若租用	年租金	单位：元/亩·年					
	实物租金	注：分成数量或比例					
亩产量		单位：千克					
地形		①坡地；②平地					
土壤类型		①沙土；②粘土；③壤土					
离家距离		单位：米					
种植密度		单位：棵/亩					
树龄		单位：年					
灌溉便利程度		①极不方便；②不太方便；③基本方便；④比较方便					
灌溉方式		①沟灌；②树盘灌溉③滴灌；④喷灌；⑤穴注肥水					
灌溉水源		①河流或池塘；②水井					
认证情况		①未经认证；②无公害；③绿色；④有机；⑤出口认证					
种植品种		①红富士②嘎啦③乔纳金④红星⑤红将军⑥金冠					

8. ◇市场风险主要指价格风险，是农产品销售市场价格发生不利变动而给种植户带来损失的风险。您觉得苹果销售是否存在市场风险_____（0＝否；1＝是），若是，其风险程度如

何？_____

(1) 没有风险 (2) 有风险，但不大

(3) 风险比较大 (4) 风险非常大

◇您在苹果销售中面临的市场风险为（可多选）_____；

(1) 销售价格不稳定，波动大 (2) 销售渠道不稳定、不通畅

(3) 市场信息缺乏

9. ◇自然风险指由于自然因素的不确定性（如冰冻、台风、暴雨等）对农产品种植造成的影响和直接破坏，从而对农户造成经济上的损失。您觉得苹果种植是否存在自然风险_____（0＝否；1＝是），若是，其风险程度如何？_____

(1) 没有风险 (2) 有风险，但不大

(3) 风险比较大 (4) 风险非常大

◇苹果种植自然风险最主要是_____，通常情况下哪个危害最大_____。

(1) 干旱 (2) 冻害

(3) 洪涝灾害 (4) 重大病虫害等疫情的发生

C. 销售行为

1. 您在销售苹果时，选择的销售渠道包括（可多选）_____（1＝合作社；2＝农业企业；3＝果品批发市场）；每个销售渠道所销售的苹果占总销售量的比重为_____。

2. 2009年，各个渠道销售苹果的平均价格为：(1) 特级果：合作社_____元/千克、农业企业_____元/千克、果品批发市场_____元/千克；(2) 一级果：合作社_____元/千克、农业企业_____元/千克、果品批发市场_____元/千克；(3) 二级果：合作社_____元/千克、农业企业_____元/千克、果品批发市场_____元/千克；(4) 残次果：合作社_____元/千克、农业企业_____元/千克、果品批发市场_____元/

千克。

3. 在上述各个销售渠道中，请按照偏好程度排序：_____（1 = 合作社；2 = 农业企业；3 = 果品批发市场），其原因是（请说明）_____。

4. ◇您是否与其他市场主体签订苹果购销合约_____（0 = 不签订合约；1 = 订立口头协议；2 = 签订书面合同）；若签订合约，对象是_____（1 = 合作社；2 = 农业企业）；签订合约的主要目的是_____；

   （1）稳定销售渠道 （2）价格保障
   （3）获得低价优质农资 （4）获得田间管理技术服务

   ◇若没有签订合约，主要原因是_____；

   （1）缺少可供选择的签约对象 （2）签订合约收益不明显
   （3）签订合约过程太麻烦 （4）种植规模低于门槛要求
   （5）不愿放弃生产管理决策权去遵从对方指挥
   （6）缺少联系通道，自己难以与以上组织取得联系
   （7）自己在谈判中处于劣势

   ◇若签订合约，其类型是_____（1 = 销售合约；2 = 生产合约）；合约的条款包括（可多选）_____。

   （1）订购数量 （2）质量要求
   （3）订购价格 （4）交货期限
   （5）包装要求 （6）交货地点
   （7）施肥行为（施肥量、施肥时间、次数和方式）
   （8）施药行为（施药量、施药时间、次数和方式）
   （9）灌溉行为（灌溉方式、时间等）
   （10）套袋行为（套袋方式、时间等）
   （11）新技术采纳（灭虫灯、测土配方等）
   （12）采摘时间 （13）统一供应肥料

（14）统一供应农药 （15）统一供应套袋

5. 您与对方签订的合约的货款支付方式为_____；

（1）钱货两清 （2）签约时预付定金，交货时付余款

（3）先交货，_____月（天）后支付

D. 市场交易

1. 您觉得苹果市场价格波动情况如何_____（1=没有波动；2=一般；3=较大；4=很大）；苹果市场的每周价格波动幅度有多大_____（<10%=1；10%~20%=2；20%~30%=3；≥30%=4）。

2. 您觉得苹果市场价格水平总体情况如何_____。

（1）挺合适 （2）还可以 （3）有点低

3. 您在购买农资时，为了及时获取农资质量信息，所付出的通信费用大概为_____元、所付出的市场信息搜寻时间大概为_____天、所付出的运输费用大概是_____元。

4. 您在销售苹果时，为了及时获取市场信息，所付出的通信费用大概为_____元、所付出的市场信息搜寻时间大概为_____天；另外，您觉得及时获取市场价格信息的难易程度如何_____。

（1）没有难度 （2）有难度，但不大

（3）难度很大 （4）难度非常大

5. 通常，您获取市场价格信息的主要渠道是_____。

（1）邻居和亲朋 （2）贩销商

（3）果品批发市场 （4）新闻媒体

6. 2009年，您是否参加过政府相关部门提供的苹果种植技术培训_____（0=否；1=是）；若参加过，则共参加过_____次，培训的内容包括：_____。

（1）施肥技术 （2）喷药技术 （3）灌溉技术

（4）套袋技术 （5）病虫害防治技术

（6）修枝整修技术（7）花果管理技术

（8）新品种推广技术（9）采摘技术

7. 与采购商每次交易时，您对最终达成的成交价格的满意程度评价_____。

（1）很不满意（2）不太满意

（3）基本满意（4）很满意

8. 在市场交易时，您对最终达成的苹果质量等级的公平程度评价_____。

（1）很不公平（2）不太公平

（3）基本公平（4）很公平

9. 在市场交易时，贩销商比较关注苹果质量的哪些维度（可多选）_____。

（1）酸度（2）硬度（3）色泽（4）糖分

（5）果形（6）果径（7）果面缺陷（8）农药残留

10. 通常每次正式交易前，已经进行过_____次议价，每次议价大约需要_____分钟；货款结算方式为_____（1 = 现金支付；2 = 延期支付）；若延期支付，则大概的期限是_____天。

11. 市场交易时，将苹果运到经常交易的地点，大约距离_____里路（1里 = 500米），需花费_____分钟，交易过程中的运输损耗情况_____（1 = 较低；2 = 一般；3 = 较低），运输费用_____元，主要的运输工具是（请说明）_____。

12. 您觉得交易时将苹果运输到批发市场的困难程度是_____。

（1）没有困难（2）有困难，但不大

（3）困难很大（4）困难非常大

E. 合约安排

1. 您是否参加了当地的苹果专业合作社_____（0 = 否；1 = 是）；若参加，则参加的时间有_____年。

2. 您所参加的合作社,专用性资产投资情况如何_____ (1=少量; 2=一般;3=较多;4=大量),请指出合作社的专用性资产主要是指哪些_____;是否有聘任专业的农业技术人员_____ (0=没有;1=有)。

3. 您所参加的合作社的产品销售渠道主要为_____ (0=果品批发市场;1=农业企业)。

4. 您所参加的合作社,领办主体的身份是_____ (1=政府组织; 2=生产大户;3=农业企业;4=贩销大户)。

5. 到目前为止,您参加合作社的时间为_____年。

6. 您所参加的合作社,在正式交易时采取什么样的产品定价方式_____ (1=随行就市价;2=市场价+附加价;3=其他),这与最初承诺的是否存在出入_____ (1=没有;2=有),若存在出入,那么最初合约规定的产品定价方式是_____ (1=随行就市价;2=市场价+附加价;3=其他);若采取市场价+附加价,则附加价的范围一般为_____元/千克。

7. 您在所参加的合作社中,与社长或理事会成员是否熟悉_____ (0=不熟悉;1=熟悉);若熟悉,请说明具体是什么样的关系_____。

8. 您在与合作社交易时,货款的结算方式为_____ (1=现金支付;2=延期支付);若延期支付,一般期限为_____天。

9. 您所参加的合作社,在年终是否会有社员返利_____ (0=否; 1=是);若是,所获得的返利数目为_____元。

10. ◇参加合作社后,肥料采购权由谁控制_____ (0=自己; 1=合作社);

    ◇参加合作社后,农药采购权由谁控制_____ (0=自己; 1=合作社);

    ◇参加合作社后,套袋采购权由谁控制_____ (0=自己;

◇参加合作社后,肥料施用权由谁控制_____(0 = 自己;1 = 合作社);

◇参加合作社后,农药施用权由谁控制_____(0 = 自己;1 = 合作社);

◇参加合作社后,套袋时间由谁控制_____(0 = 自己;1 = 合作社);

◇参加合作社后,摘袋时间由谁控制_____(0 = 自己;1 = 合作社);

◇参加合作社后,果园灌溉权由谁控制_____(0 = 自己;1 = 合作社);

◇参加合作社后,果园栽植密度由谁控制_____(0 = 自己;1 = 合作社);

◇参加合作社后,果园修枝整形由谁控制_____(0 = 自己;1 = 合作社);

◇参加合作社后,果园花果管理由谁控制_____(0 = 自己;1 = 合作社);

◇参加合作社后,采收时间由谁控制_____(0 = 自己;1 = 合作社)。

11. ◇若合作社控制肥料采购权,您之所以接受,其原因主要包括(可多选):_____;

(1) 对方提供的肥料质量可靠

(2) 对方提供的肥料价格低廉

(3) 降低了信息搜集成本

(4) 节约运输成本

(5) 对方提供其他服务和优惠

◇若不愿意接受将这项权利让渡给合作社,主要原因是_____。

(1) 不信任对方提供的肥料质量

(2) 对方指定肥料类型价格较高

(3) 指定肥料施用过程麻烦

◇合作社向农户提供的肥料类型_____（1 = 有机肥；2 = 无机肥；3 = 两者都有）；供应的肥料如何向农户提供_____（1 = 送货上门；2 = 自行提货）。

12. ◇若合作社控制农药采购权，您之所以接受，其原因主要包括（可多选）：_____；

(1) 对方提供的农药质量可靠 (2) 对方提供的农药价格低廉

(3) 降低了信息搜集成本 (4) 对方提供其他服务和优惠

◇若不愿意接受将这项权利让渡给合作社，主要原因是_____。

(1) 不信任对方提供的农药质量

(2) 对方指定农药类型价格较高

(3) 指定农药施用过程麻烦

13. ◇若合作社控制肥料施用决策权，您之所以接受，其原因主要包括（可多选）：_____；

(1) 对方要求的施肥方案比较合理

(2) 对方提供其他服务和优惠

(3) 降低农户的施肥成本

◇若不愿意接受将这项权利让渡给合作社，主要原因是_____；

(1) 统一施肥方案忽略土壤差异

(2) 担心产量或质量下降

(3) 统一施肥方案提高了施肥成本

◇若合作社控制肥料施用决策权，请说明指定的施肥行为。

①施肥时间：_____ ②施肥次数：_____

③施肥数量、配比：_____ ④施肥方法：_____

14. ◇若合作社控制农药施用决策权，您之所以接受，其原因主要包括（可多选）：_____；

    （1）对方要求的施药方案比较合理

    （2）对方提供其他服务和优惠

    （3）降低农户的施药成本

    ◇若不愿意接受将这项权利让渡给合作社，主要原因是_____；

    （1）统一施药忽略病虫害严重程度差异

    （2）担心产量或质量下降

    （3）统一施药方案提高施药成本

    ◇若合作社控制肥料施用决策权，请说明指定的施药行为；

    ①施药时间：_____ ②施药次数：_____

    ③施药数量：_____ ④农药类型：_____

    ◇在苹果生产过程中，施药行为是否会受到合作社的监督_____（0＝否；1＝是）；若有监督，则监督的主体是_____（1＝社员；2＝农技员；3＝其他）。

15. 合作社对苹果质量要求_____（1＝不严格；2＝一般；3＝比较严格；4＝非常严格）；若农户交付给合作社的产品未能达到合约要求，将会被如何处理（请说明）_____；合作社主要关注苹果质量的哪些维度（可多选）_____。

    （1）酸度 （2）硬度 （3）色泽 （4）糖分

    （5）果形 （6）果径 （7）果面缺陷 （8）农药残留

16. 合作社是否组织苹果种植技术培训_____（0＝否；1＝是）；若提供，则共参加过_____次，培训的内容包括：_____；您对合作社提供的技术培训是否满意_____（0＝否；1＝是）。

    （1）施肥技术 （2）喷药技术

（3）灌溉技术（4）套袋技术

（5）病虫害防治技术（6）修枝整修技术

（7）花果管理技术（8）新品种推广技术

（9）采摘技术

17. 您有过违约经历吗？_____（0＝无；1＝有），若有，主要原因是：_____。

（1）产品质量分等定级存在分歧

（2）合同价格低于市场价格

（3）要约方规定的采摘时间超前，履约有损失

（4）对方拖欠货款，延迟支付

F. 施肥情况

1. 肥料施用的具体情况：

化肥种类	总施用量（kg）	价格（元）	施肥次数（次/年）	施肥总支出（元/年）	施肥亩数	施肥支出元/亩
氮肥						
磷肥						
钾肥						
复混肥						
有机肥（请列明）						

2. ◇通常，肥料很难被作物完全吸收，总存在或多或少的流失。根据您的判断，果园中的果树对无机化肥的实际吸收率大概为_____％；

◇您觉得哪些因素会影响无机化肥利用效率（可多选）_____。

（1）施肥数量（2）施肥方式（3）灌溉是否及时

（4）施肥时间（5）肥料配比

3. 您在做施肥决策时，是否考虑其对生态和环境质量的影响？_____（0 = 否；1 = 是）；若选是，您觉得过量施用无机化肥主要会产生哪些负面的环境影响（可多选）_____。

（1）影响土壤质量（2）影响水体质量（3）影响大气质量

4. 您是否购买过施用后没有效果，或效果不明显的无机化肥：_____（0 = 无；1 = 有），若有，效果不明显的主要原因是_____。

（1）化肥掺假，有效含量未达到标签量

（2）化肥营销商过分夸大肥效

5. ◇当前，农民盲目过量施肥（特别是氮肥）的现象十分普遍，农业污染问题日益突出，已成为水体、土壤和大气污染的重要来源。过量施肥不仅增加施肥成本，还会引起农田病虫害的加剧，进一步导致农药成本的增加。《山东省苹果综合标准》中规定的苹果园施肥量标准为：①土壤肥力水平好的地块，每亩氮（N）8.0千克、磷（P_2O_5）2.7千克、钾（K_2O）6.7千克；②土壤肥力水平中等的地块，每亩氮（N）10.0千克、磷（P_2O_5）3.3千克、钾（K_2O）8.0千克；③土壤肥力水平差的地块，每亩氮（N）13.3千克、磷（P_2O_5）4.0千克、钾（K_2O）9.3千克。您是否愿意在当前施肥水平上降低无机化肥用量_____（0 = 不愿意；1 = 愿意），如果愿意，您愿意在目前的施肥水平上降低（按每亩计算）_____；

（1）10公斤（2）20公斤（3）30公斤

（4）40公斤（5）50公斤（6）60公斤及以上

◇如果愿意，主要目的是_____；

(1) 降低施肥成本 (2) 保护环境质量 (3) 提高苹果质量

◇如果不愿意降低化肥施用水平，主要原因是_____。

(1) 担心产量降低 (2) 施用方式简便，节省劳动成本

6. 您家距离常去的无机化肥销售点_____，距离常去的有机肥销售点_____。

(1) 0~500米 (2) 500~1000米 (3) 1000~1500米

(4) 1500~2000米 (5) 大于2000米

7. ◇您认为多施有机肥或腐熟粪肥可以提高苹果品质吗？_____

(0 = 不能；1 = 能)；若能，效果如何？_____

(1) 很明显 (2) 一般 (3) 不明显

◇您认为多施有机肥或腐熟粪肥可以改善环境质量吗？_____

(0 = 不能；1 = 能)；若能，效果如何？_____

(1) 很明显 (2) 一般 (3) 不明显

◇您在平时关注环境质量方面的信息吗？_____ (1 = 不关注；2 = 比较关注；3 = 非常关注)

8. 您在购买有机肥时主要考虑哪些因素_____，购买有机肥时下列因素的重要性，请排序_____。

(1) 有机肥价格 (2) 是否能提高苹果品质 (3) 增产效果

(4) 劳动力投入和运输成本 (5) 环境影响

G. 施药情况

1. 请说明本地苹果种植主要存在的病虫害（见下表），其中最严重的病虫害为（请选择序号）_____。

病虫害类别		若存在，请打√	病虫害类别		若存在，请打√
①	苹果腐烂病		⑥	苹果病毒病	
②	苹果轮纹病		⑦	苹果缺素病	

续表

病虫害类别	若存在，请打√	病虫害类别	若存在，请打√
③ 苹果斑点落叶病		⑧ 苹果蚜虫类害虫	
④ 苹果炭疽病		⑨ 苹果食心虫类害虫	
⑤ 苹果霉心病		⑩ 苹果卷叶蛾类害虫	

2. 请说明苹果种植的施药情况（见下表）：

	农药名称（列举3~5种）	施药次数（次/年）	施药总支出（元/年）	施药亩数	施肥支出 元/亩
杀虫杀螨剂					
杀菌剂					

注：农业部《无公害食品 苹果生产技术规程2001》规定，无公害苹果生产技术要求根据防治对象的生物学特性和危害特点，允许使用生物源农药、矿物源农药和低毒有机合成农药，有限度地使用中毒农药，禁止使用剧毒、高毒、高残留农药。

◇苹果园允许使用的主要杀虫杀螨剂，您使用了哪些，请选择：

1%阿维菌素乳油（　）　　　0.3%苦参碱水剂（　）

10%吡虫啉可湿粉（　）　　　25%灭幼脲3号悬浮剂（　）

50%辛脲乳油（　）　　　　　50%蛾螨灵乳油（　）

20%杀铃脲悬浮剂（　）　　　20%杀铃脲悬浮剂（　）

50%马拉硫磷乳油（　）　　　50%辛硫磷乳油（　）

5%尼索朗乳油（　）　　　　10%浏阳霉素乳油（　）

20%螨死净胶悬剂（　）　　　15%哒螨灵乳油（　）

40%灭多乳油（　）　　　　　99.1%加德士敌死虫乳油（　）

苏云金杆菌可湿粉（　）　　　10%烟碱乳油（　）

5%卡死克乳油（　）　　　　　25%扑虱灵可湿粉（　）

5%抑太保乳油（　）

◇苹果园允许使用的主要杀菌剂，您使用了哪些，请选择：

5%菌毒清水剂（　）　　　　腐必清乳剂（涂剂）（　）

2%农抗120水剂（　）　　　80%喷克可湿粉（　）

80%大生M-45可湿粉（　）　70%甲基托布津可湿粉（　）

50%多菌灵可湿粉（　）　　 40%福星乳油（　）

1%中生菌素水剂（　）　　　27%铜高尚悬浮剂（　）

石灰倍量式或多量式波尔多液（　）50%扑海因可湿粉（　）

70%代森锰锌可湿粉（　）　 70%乙膦铝锰锌可湿粉（　）

硫酸铜（　）　　　　　　　15%粉锈宁乳油（　）

50%硫胶悬剂（　）　　　　 石硫合剂（　）

843康复剂（　）　　　　　 68.5%多氧霉素（　）

75%百菌清（　）

◇苹果园限制使用的主要农药品种，您使用了哪些，请选择：

48%乐斯本乳油（　）　　　50%抗蚜威可湿粉（　）

25%辟蚜雾水分散粒剂（　） 2.5%功夫乳油（　）

30%桃小灵乳油（　）　　　80%敌敌畏乳油（　）

10%歼灭乳油（　）

◇苹果园禁止使用的农药，您使用了哪些，请选择：

甲拌磷（　）　　乙拌磷（　）　　久效磷（　）

对硫磷（　）　　甲胺磷（　）　　甲基对硫磷（　）

甲基异硫磷（　）氧化乐果（　）　磷胺（　）

克百威（　）　　涕灭威（　）　　灭多威（　）

杀虫脒（　）　　三氯杀螨醇（　）克螨特（　）

滴滴涕（　）　　六六六（　）　　林丹（　）

氟化钠（　）　　氟乙酰胺（　）　福美胂（　）

其他砷制剂（　）

3. ◇您在做施药决策时，是否考虑其对农业生态环境的影响？_____
_____（0＝否；1＝是）；您觉得施用农药主要会产生哪些负面

的环境影响（可多选）_____；

（1）影响农业环境（2）影响农产品质量（3）影响人体健康

◇您在做施药决策时，是否考虑其对苹果质量安全的影响？_____（0 = 否；1 = 是）。

4. ◇与农技员或标签推荐用药量相比，实际施药量_____（1 = 偏多一些；2 = 差不多；3 = 偏少一些）；

   ◇若偏多一些，主要原因是_____；

   （1）病虫害比较严重，增加用量保证效果

   （2）缺少其他替代性病虫害防治手段

   （3）推荐量不合理

   ◇若偏少一些，主要原因是_____。

   （1）病虫害较轻，酌情减量效果也能保证

   （2）有其他替代性病虫害防治手段

   （3）推荐量不合理

5. 您曾有购买假冒农药的经历吗？_____（0 = 没有；1 = 有），如果有，可能原因是_____。

   （1）农药掺假，有效含量未达到标准

   （2）化肥营销商过分夸大药效

6. ◇您是否愿意在当前施药水平上降低用量：_____（0 = 不愿意；1 = 愿意），如果愿意，主要目的是_____；

   （1）降低农药残留水平（2）保护生态环境

   （3）节约生产成本

   ◇如果愿意降低农药用量，您愿意在目前的施药费用基础上降低（按每亩计算）_____；

   （1）10元（2）20元（3）30元

   （4）40元（5）50元（6）60元及以上

   ◇如果不愿意降低农药施用水平，主要出于哪些考虑_____。

(1) 病虫害疫情无法控制，面临产量损失的风险

(2) 其他虫害控制措施操作麻烦，且成本高

7. 您家距离常去的农药销售点_____。

(1) 0～500米 (2) 500～1000米 (3) 1000～1500米

(4) 1500～2000米 (5) 大于2000米

8. 选择农药品种时主要考虑_____，购买农药时下列因素的重要性，请排序_____

(1) 价格 (2) 病虫害的防治效果 (3) 农药残留水平

(4) 环境影响 (5) 对人畜健康影响

H. 技术采纳

1. 技术采纳情况：

项目	Unit	答案
是否采用测土配方技术	0＝否 1＝是	
病虫害综合防治技术（灭虫灯等）	0＝否 1＝是	

2. ◇若使用测土配方，主要提供机构为_____；

(1) 农技部门 (2) 农业企业 (3) 专业协会

(4) 专业合作社 (5) 村委会

◇若使用测土配方，是否需要付费_____ （0＝不需要；1＝需要），若需要，则收费标准为_____元/次；

◇若未使用测土配方，主要原因是_____。

(1) 结果可靠性不高 (2) 价格过高

(3) 本地没有提供该技术的组织 (4) 过程比较麻烦

3. 若使用病虫害综合防治技术，主要属于_____ （1＝农业防治；2＝物理防治；3＝生物防治）；

注：农业防治采取剪除病虫枝、清除枯枝落叶、刮除树干翘裂皮、翻书盘、地面秸秆覆盖、科学施肥等措施抑制病虫害发生；

物理防治是根据害虫生物学特征，采取糖醋液、树干缠草把和灭虫灯等方法诱杀害虫；生物防治是指人工释放赤眼蜂，助迁和保护瓢虫、草蛉、捕食螨等天敌，土壤施用白僵菌防治桃小食心虫，利用昆虫性外激素诱杀或干扰成虫交配。

I. 成本收益

1. 苹果生产的各项成本支出：

项目	金额（元）	项目	金额（元）
肥料		雇工支出	
农药		雇工支出具体项目（如下）	
灌溉费		翻地	
油费		除草	
自有机器设备日常维修费		施肥	
机器设备租赁费		打药	
植物检验检疫费用		修剪	
认证费用		拉枝	
技术培训费（如有发生）		疏花	
自有冷库日常开支		人工授粉	
冷库贮藏租金		疏果	
枝条、花粉购买费		套袋	
套袋		采收	
网袋		包装	
托盘和包果纸		运输	
纸箱		其他（请说明）	
塑料箱			

2. 苹果生产的收益情况：

品种	平均门槛销售价格	亩	亩产量	总产量（千克）	总收益（元）
红富士					

续表

品种	平均门槛销售价格	亩	亩产量	总产量（千克）	总收益（元）
嘎啦					
乔纳金					
红星					
红将军					
金冠					
其他					

J. 选择试验

任何合同的结构都是控制性条款和激励性条款的不同组合，农业合同也不例外。通常，农业合同的激励性条款包括两个维度，一是产品价格的确定方式，二是渠道关系稳定性；农业合同的控制性条款主要是指农户生产经营决策权（自主权）在双方之间的分割形式。请您结合自身实际情况，在下列不同的假设场景中，对于合约价格的确定方式、渠道关系稳定性、生产经营决策权分割和苹果种植的预期利润（元/亩），选择效用最大的合约类型（注：全部的选择集为15个，为了简化调研，将其分为4组，此处只随机地列出其中的4个）：

1. 请仔细考虑下面3个选项，假设您仅能选择1个选项，您将选择哪一个？

替代属性	原始状态	推荐情景1	推荐情景2
价格确定方式	随行就市	随行就市	随行就市
渠道关系稳定性	不稳定	半稳定	稳定
拥有决策权情况	生产决策权+销售决策权	生产决策权	无
预期利润（元/亩）	2500元	2250元	2750元
◇您的选项是_____	（1）原始状态 （2）推荐情景1 （3）推荐情景2		

2. 请仔细考虑下面3个选项，假设您仅能选择1个选项，您将选择哪一个？

替代属性	原始状态	推荐情景1	推荐情景2
价格确定方式	随行就市	随行就市	市场价+附加价
渠道关系稳定性	不稳定	稳定	不稳定
拥有决策权情况	生产决策权+销售决策权	0%	无
预期利润（元/亩）	2500元	2750元	2250元

◇您的选项是_____（1）原始状态（2）推荐情景1（3）推荐情景2

3. 请仔细考虑下面3个选项，假设您仅能选择1个选项，您将选择哪一个？

替代属性	原始状态	推荐情景1	推荐情景2
价格确定方式	随行就市	保护价	市场价+附加价
渠道关系稳定性	不稳定	不稳定	不稳定
拥有决策权情况	生产决策权+销售决策权	生产决策权	无
预期利润（元/亩）	2500元	2750元	2250元

◇您的选项是_____（1）原始状态（2）推荐情景1（3）推荐情景2

4. 请仔细考虑下面3个选项，假设您仅能选择1个选项，您将选择哪一个？

替代属性	原始状态	推荐情景1	推荐情景2
价格确定方式	随行就市	保护价	市场价+附加价
渠道关系稳定性	不稳定	稳定	不稳定
拥有决策权情况	生产决策权+销售决策权	生产决策权+销售决策权	无
预期利润（元/亩）	2500元	2250元	2250元

◇您的选项是_____（1）原始状态（2）推荐情景1（3）推荐情景2

图书在版编目(CIP)数据

农民专业合作社内部交易合约安排研究/蔡荣著.—北京：社会科学文献出版社,2015.9
 ISBN 978-7-5097-7862-3

Ⅰ.①农… Ⅱ.①蔡… Ⅲ.①农业合作社-专业合作社-经营管理-研究-中国 Ⅳ.①F321.42

中国版本图书馆CIP数据核字(2015)第173373号

农民专业合作社内部交易合约安排研究

著　　者/蔡　荣

出 版 人/谢寿光
项目统筹/祝得彬
责任编辑/张苏琴　安　静

出　　版/社会科学文献出版社·全球与地区问题出版中心(010)59367004
　　　　　地址：北京市北三环中路甲29号院华龙大厦　邮编：100029
　　　　　网址：www.ssap.com.cn

发　　行/市场营销中心(010)59367081　59367090
　　　　　读者服务中心(010)59367028

印　　装/北京季蜂印刷有限公司

规　　格/开本：787mm×1092mm　1/16
　　　　　印　张：13.25　字　数：171千字

版　　次/2015年9月第1版　2015年9月第1次印刷

书　　号/ISBN 978-7-5097-7862-3

定　　价/59.00元

本书如有破损、缺页、装订错误，请与本社读者服务中心联系更换

△ 版权所有 翻印必究